Limm & Nies

Andi Fett

BiegelSpilder

7 spannende Lebensbilder für junge Leute

CLV

1. Auflage 2018
2. Auflage 2022
3. Auflage 2025

Ravensberger Bleiche 6 · 33649 Bielefeld
www.clv.de

Bei Fragen zur Produktsicherheit erreichen Sie uns
über gpsr@clv.de oder auf dem Postweg.

Satz & Umschlag: A. Fett, Meinerzhagen
Umschlagfoto: fotolia.com, © cirodelia
Druck & Bindung: CPI books GmbH, Leck

Artikel-Nr. 256191
ISBN 978-3-86699-191-0

INHALT

Einige der folgenden Kurzgeschichten findest du auch im Programm von *Radio Doppeldecker* – einer Kindersendung, die die frohe Botschaft von Jesus Christus zeitgemäß verbreiten möchte.

Schwach, schwarz und stottert

Die unglaubliche Geschichte eines farbigen, stotternden Knirpses. Durch Gottes gute Hand wurde dieses Findelkind zu einem der bedeutendsten Forscher Amerikas.

Komm mit in die Zeit, in der Amerikas Westen noch wild ist und die Sklaverei der Schwarzen gerade ein Ende findet. Tief in Missouri, am Fuß der Ozark Mountains, bewirtschaften Moses und Susan Carver ihre kleine Farm.

Moses ist ein deutscher Einwanderer, der auf seinem Hof eine Pferdezucht hat. Mit den hervorragenden Pferden, die Moses züchtet, und Susans Sparsamkeit halten sie sich in schweren Tagen über Wasser: Es ist die Zeit des Bürgerkriegs zwischen den Nord- und Südstaaten.

Susan, die leider kinderlos ist, sehnt sich nach einer Hilfe für die Farmarbeit und natürlich schon lange nach Kindern. Deshalb ist Moses bereit, ihr eine junge Sklavin zu kaufen. Sie heißt Mary und soll seiner Frau Gesellschaft leisten. Die Sklavin Mary hat drei Kinder. Eins davon ist gerade erst geboren. Mary wächst Susan so ans Herz, dass die Gekaufte ganz vergisst, ihre Sklavin zu sein.

Doch eines Nachts geschieht ein schreckliches Unglück. Eine umherstreifende Räuberbande überfällt den Carver-Hof. Sie sind auf der Suche nach Sklaven, die sie verschleppen und weiterverkaufen wollen. Als Moses Carver nicht verraten will, wo sich Mary versteckt, foltern sie ihn, stecken den Stall in Brand und finden dann doch noch Mary und zwei ihrer Kinder.

Das Schreien des Babys hatte das Versteck seiner Mutter verraten. Nur Jim, Marys älterer Sohn, kann im Dunkel der Nacht unbemerkt bleiben. Moses ist nach dem Menschenraub so erschüttert, dass er demjenigen eine riesige Belohnung verspricht, der ihm seine Mary und die Kleinen wieder zurückbringt. Das hörte auch ein alter Herumtreiber namens Bentley. Er will die Spur der Sklavenjäger verfolgen, um Mary zu befreien.

Viele Tage später kehrt Bentley enttäuscht und erschöpft aus dem Süden zurück. Er kommt ohne Mary. Als er vor Carvers Hof haltmacht, kann er Moses nur ein schmutziges Bündel entgegenstrecken. *»Das ist alles, was ich kriegen konnte!«*, sagt Bentley. *»Ob es noch lebt, weiß ich nicht. Es ist das Baby von Mary.«*

Als Susan das hört, schreit sie laut auf. »*Das Baby!*« Nervös schlägt sie die nasskalten Tücher auseinander und sieht in das verzerrte, schwarze Gesicht des Kleinen. Seine Haut ist fast blau vor Kälte. Das Baby liegt da wie ein federloses Rabenküken, das im Nest erfroren ist.

Aber dann beginnt es zu röcheln und zu husten. Behutsam wärmt Susan den kleinen Jungen, flößt ihm etwas gewärmte Milch ein und drückt ihn immerzu an sich. Am Kamin kehren seine Lebensgeister zurück. So haben Carvers wenigstens das Neugeborene zurückerhalten.

Sie geben ihm den Namen George Washington. Denn so heißt der damalige Präsident der Vereinigten Staaten. George hat seine Mutter nie mehr wiedergesehen. Aber in Susan findet er eine neue Mutter. Er nennt sie immer nur Tante Su'.

George bleibt die nächsten Jahre ein sehr schwaches Kind. Erst mit drei (!) Jahren lernt er allmählich laufen und etwas zu sprechen. Immerzu muss er husten, und nur mit mühsamem Stottern kann er krächzend reden.

Und später erzählt ihm Onkel Moses, was ihn sein kleines Leben gekostet hat: »*George, ich habe Bentley, dem alten Herumtreiber, für dich einen sehr hohen Preis bezahlt. Das beste Pferd aus meinem Stall hat er als Belohnung für dich bekommen.*« Dieses Pferd hätte heute den Wert eines Autos! Deshalb ist für George auch einer der Lieblingsverse aus der Bibel die Stelle aus 1. Korinther 6,20:

»Denn ihr seid um einen Preis erkauft worden; verherrlicht nun Gott in eurem Leib.«

Eines Tages verkündet Moses den Brüdern George und Jim, dass nun die Sklaverei endlich abgeschafft sei. Doch die beiden begreifen nicht, was das bedeutet. Sie wollen gerne bei Onkel Mo' und Tante Su' bleiben.

Als Jim schon längst kräftig bei der Arbeit zupacken kann, spielt George noch in Susans Küche. Seine kastanienfarbenen Augen beobachten Tante Su's Verrichtungen im Haushalt. Und bald hilft er beim Spülen und Putzen und kann meisterhaft kochen. Immerzu singend tut der spargeldürre Junge seine Arbeit, denn das Singen klappt ganz ohne Stottern.

Er lernt, wie man Felle gerbt, Schuhe flickt und Kerzen zieht. Im Garten will er wissen, wozu die verschiedenen Wurzeln und Kräuter wachsen, und Tante Su' zeigt ihm, wie sie eigene Medizin herstellt. Sein Lerneifer erlahmt nie. Voller Neugier guckt er Susan das Häkeln und Stricken ab. *»D-d-das k-k-kann ich auch!«* Mit einer Truthahnfeder versucht er sich an alter Wolle und kann bald so gut handarbeiten wie seine Pflegemutter.

George strolcht gerne durch den nahe gelegenen Wald und entdeckt eine kleine Lichtung. Dort führt ihm Gott die tausend kleinen Wunderwerke seiner Schöpfung vor. Er staunt über krabbelnde Insekten, wilde Blumen und lauscht auf das Quaken der Frösche. In George erwacht das unstillbare Verlangen, die Geheimnisse der Natur verstehen zu lernen. Farnsporen, Blumenzwiebeln und Kürbiskerne werden seine Spielzeuge.

In der Nachbarschaft heißt George bald *»der Pflanzen-Doc«,* weil unter der Pflege seiner Hände kranke Blumen wieder aufblühen. Einmal sucht George das Ehepaar Baynham auf, um nach ihren welken Rosen zu sehen. Nachdem er sie umgepflanzt und versorgt hat, bleibt er fassungslos in der Eingangshalle der Villa Baynham stehen. Noch nie hat er so etwas gesehen. Die Wände hängen voller Ölgemälde – wunderbare Bilder von Wäldern, Blumen und wilden Tieren.

An diesem Abend zerquetscht George zu Hause ein paar Beeren, taucht seinen Finger hinein und beginnt zu malen. Seitdem lässt ihn die Malerei nicht mehr los. Er mischt sich aus Erde und Pflanzensäften herrliche Naturfarben und wird nach und nach ein begabter Kunstmaler. Was er nicht ahnt: Eines seiner Pflanzenbilder wird Jahrzehnte später sogar auf der Weltausstellung in Chicago ausgestellt werden.

Nach Locust Grove, nur eine halbe Meile von Moses' Blockhaus entfernt, gehen die Carvers manchmal zum Gottesdienst. Dort steht eine kleine Holzkirche, die wochentags als Schulhaus genutzt wird. Du kannst dir nicht vorstellen, wie sehr sich George danach sehnt, auch montags, dienstags und mittwochs hierhin zu dürfen. Manchmal läuft er den Weg allein, setzt sich auf die Türschwelle und lauscht, wie da drin der Lehrer laut vorliest oder die Kinder etwas aufsagen lässt. Wenn er doch auch nur zur Schule dürfte und lesen könnte …

George rennt nach Hause zu Moses und stottert: »*W-w-wann k-k-kann ich z-z-zur Schule gehn, O-o-onkel Mo'?*« Aber damals ist die Schule für Schwarze noch verboten! George kann das nicht begreifen und weint ganz fürchterlich, als ihm Onkel Moses zu erklären versucht, wieso. Aber Tante Susan weiß guten Rat. Sie bringt ihrem George das ABC aus einer alten Schulfibel bei. In drei Wochen kann er das ganze Buch auswendig. Jetzt will George rechnen lernen.

Immer wieder finden Moses und Susan ihren »Naseweis« auf der Schulschwelle sitzen. Aber man lässt den kleinen »Neger« nicht herein. Bald darauf hören Carvers von einer Schule für Farbige im Nachbarstädtchen Neosho. George hält nun nichts mehr. Er will unbedingt dorthin. Aber wo soll er wohnen und wovon soll er dort leben, wenn nicht Carvers für ihn sorgen?

Tante Su' hat für ihren George zum Abschied ein Bündel geschnürt – kaum so groß wie das, in dem er ihr selbst einst gebracht wurde. Speckbrote, seine Kräutersammlung, ein sauberes Hemd und ein paar Pennys sind darin – mehr nicht.

Nach einer langen Wanderung in Neosho angekommen, sucht George nach einer Bleibe für die Nacht. Bald hat er seine Brote verspeist und furchtbares Heimweh. Er schläft irgendwo im Heu und geht frühmorgens zu der ersehnten Schule. Aber nichts rührt sich! Kein Schüler ist zu sehen. George beschließt, geduldig zu warten.

Nach einigen Stunden findet ihn eine schwarze Frau, wie er durchfroren und hungrig dahockt. Sie lädt ihn zum Essen ein und sagt, dass heute kein Unterricht stattfindet. Es ist Samstag! Sie ist Wäscherin und bietet ihm gütigerweise Arbeit und Unterkunft an. *»Ich heiße Mariah, und das ist mein Mann Andrew. Von uns aus kannst du gerne hier helfen!«*

»Was fü-für ein Gl-gl-glück, dass i-i-ich mich vor euren Ho-o-of gesetzt ha-ha-habe!«, antwortet George. *»Mit Glück hat das nichts zu tun, mein Junge«*, sagt Mariah. *»Gott hat dich hergeführt. Er hat alles in seiner Hand und hat auch ganz sicher eine Aufgabe für dich!«*

Im Haus der neuen Gasteltern lernt George viel von Mariahs großartigem Glauben und von Gottes gutem Plan. Gott lässt nichts zufällig geschehen. Am Sonntag darf George mit Mariah und Andrew zur Kirche. Bei den herrlichen Gospelgesängen ist alle Angst vor dem Neuen wie weggeblasen. George könnte vor Glück weinen.

Als Pastor Givens von der Liebe Gottes predigt, begreift George etwas von der Wärme und Geborgenheit, die nur Jesus geben kann. Diesen Tag verliert George nie aus seinem Gedächtnis. Von jetzt an hält er sich treu an den

Herrn Jesus und besucht die Gemeinde. Mit 75 anderen Schülern zwängt sich George in den engen Schulraum von Neosho. Er ist so lerneifrig, dass er das Pausen-Ende nie abwarten kann. Vor der Klassentür wartet er auf die Glocke. Voller Elan lernt er schreiben und rechnen – er ist ja schon 13 Jahre alt! Für Sport und Spiel ist er aber anscheinend zu ungeschickt. Immer wieder schlägt sich der schlaksige Bursche beim Laufen die Knie auf.

Außerdem ist George häufig krank und körperlich sehr geschwächt. So kommt es, dass George ein Einzelgänger wird. Tante Mariah schenkt ihm eine alte Lederbibel. Nach einem Jahr kann George ganze Kapitel aus 1. Mose, den Psalmen und den Evangelien auswendig. Seit dieser Zeit liest er bis zu seinem Lebensende täglich in dieser Bibel. Er trägt sie stets bei sich.

George hört davon, dass eine Familie namens Smith nach Fort Scott in Kansas ziehen wird. Es heißt, dort soll ein gesünderes Klima herrschen. Außerdem gäbe es dort bessere Schulen. Familie Smith ist bereit, George mitzunehmen. Also läuft er nach Diamond Grove zurück und verabschiedet sich unter Tränen von Carvers. George ist jetzt ein junger Mann von 16 Jahren.

In der fremden Stadt angekommen, ist George völlig auf sich gestellt. Ängstlich fragt er von Tür zu Tür nach Arbeit. Viele lachen über den dürren Schwarzen mit der hohen Stimme. Doch dann gelangt er zum Haus von Mrs. Payne. *»Eigentlich suche ich zwar ein Hausmädchen,* *aber ... kannst du kochen?« – »O j-j-ja, ich k-kann!« – »Also gut! Mit einem Abendessen kannst du es ja beweisen. Es soll Fleisch, Brotpudding mit Apfelmus und Biskuits geben. Der Kaffee darf nicht zu stark sein. Alles, was du dazu brauchst, findest du in dieser Küchenkammer.«*

Dann dreht sich Mrs. Payne um und verschwindet auf der Treppe. Nach getaner Arbeit presst George sein Ohr an die Tür zum Speisezimmer. Mr. und Mrs. Payne scheint es zu schmecken, man hört keine Klagen. Er hat es geschafft! Das Ehepaar lobt später den neuen Boy: *»Der neue Koch ist ein Juwel.«*

Nahe bei der Poststation findet er eine Bretterhütte als Bleibe. Sie kostet ihn einen Dollar die Woche. Morgens geht er zur Schule, nachmittags lernt er. Dazwischen bereitet er die Mahlzeiten für Familie Payne zu. Und nachts verschlingt er, was er an Büchern, alten Zeitungen und weggeworfener Post kriegt.

Eines Tages steht George mit seinem Bündel Schulbüchern vor einem Schaufenster. Die schönen Dinge darin kann er sich nicht leisten. Aber er träumt davon, wie es wäre, wenn er ein paar Dollar besitzen würde. In der Glasscheibe spiegeln sich näher kommende Gestalten. Zwei Weiße rempeln ihn hart an und knurren: *»Hey Boy! Woher hast du diese Bücher?« – »I-i-ich habe sie g-g-gekauft, Sir, für die Schule.«* Die Männer grinsen nur und spotten: *»Seit wann dürfen denn Neger zur Schule? Du hast diese Bücher bestimmt geklaut, du dreckiger Kerl!«*

Ehe George reagieren kann, treffen ihn harte Fäuste, und blitzschnell reißt man ihm die Bücher aus der Hand. Zerfetzt landen die Buchseiten in einer Pfütze und die Schläger verschwinden. Obwohl einige Leute alles mitkriegen, hilft keiner dem Verletzten.

Völlig verstört streift er stundenlang weinend umher. *»Ich bin nichts wert. Ich bin ein Farbiger!«*, denkt er. Nachts hat er Angst, und ihn verfolgen schreckliche Träume. *»Ist mein Leben denn wirklich nichts wert?«*, fragt sich George. Aber Gott hat ihn nicht vergessen.

Erinnerst du dich an Georges Liebingsvers? Er steht in 1. Korinther 6,20: *»Denn ihr seid um einen Preis erkauft worden; verherrlicht nun Gott in eurem Leib.«* Das wollte George ja gerne tun. Er wollte gern Gott gefallen, aber anscheinend gefiel seine Hautfarbe den anderen nicht.

Vielleicht bist du auch manchmal so verzweifelt wie George. Dann rufe dir ins Gedächtnis, dass Gott einen hohen Preis für dich bezahlt hat. Er hat dich so lieb, dass er seinen einzigen Sohn, Jesus Christus, für dich hergab.

Und außerdem hat Gott einen wunderbaren Plan für dein Leben, eine Bestimmung für deine Zukunft. Das soll auch George bald erleben. Wie aus dem ängstlichen Waisenknaben ein angesehener Wissenschaftler wurde, das kannst du im zweiten Teil dieser Geschichte lesen.

Der farbige Forscher fasziniert

Mit zwölf Jahren entschied sich George, sich alleine durchzuschlagen. Sein erstes Ziel war eine Schule, in die auch Schwarze aufgenommen wurden. Dort traf er eine freundliche Frau, bei der er im Haushalt helfen konnte. Dafür bekam er etwas Geld, damit er zur Schule gehen konnte. Als Teenager wurde er von ein paar Weißen zusammengeschlagen, die ihm alle Schulbücher zerfetzten. Beinahe verlor George den Mut, weiterzumachen.

Nach sieben Klassen hat George mit guten Zeugnissen die Schule abgeschlossen. Er bewirbt sich auf einem College. Das ist eine höhere Schule – ähnlich einer Universität. Schon zwei Wochen später kommt ein Antwortschreiben: *»Das Highland-College würde sich freuen, Sie zum Herbstsemester zu seinen Studenten zu zählen. Hochachtungsvoll, Direktor D. Brown.«*

George ist überglücklich. Er kann es kaum fassen und den Herbst gar nicht mehr erwarten. Noch einmal sucht er die alt gewordenen Carvers auf. George verabschiedet sich von Tante Susan und Onkel Moses. Dann macht er sich auf den Weg zum College. Bald darf er studieren. Im College angekommen, muss er einige Zeit warten, bis er den Direktor sprechen kann. Dann ruft ihn Mr. Brown in sein Büro. Verlegen stellt sich der neue Student vor: *»Hallo, ich bin George W. Carver, Sir!«*

»So …?« – »I-i-ich bin ge-gekommen, u-u-um mich fürs Studium einzu-zuschreiben …« – »Da ist uns aber leider ein Irrtum unterlaufen.« George erschrickt. Ein Irrtum? Der Direktor blättert in seinen Papieren und sagt: *»Sie haben uns in Ihrem Brief nicht mitgeteilt, dass Sie ein Neger sind. Unser College nimmt keine Farbigen auf.«*

George ist wie vor den Kopf geschlagen. Er stolpert wortlos zur Tür und verschwindet vom Schulgelände. Seinen Koffer schleppend irrt er zum Bahnhof und weiß nicht, was jetzt kommen soll. Er ist verzweifelt und verbittert.

In den nächsten Jahren sucht George Gelegenheits-Jobs. Er arbeitet als Erntehelfer, Stall- und Wäschejunge und Schmied. Jahre vergehen. Sein Leben ist traurig und ziellos. Er wird zu einem heimatlosen Einzelgänger. Er kann Gott nicht mehr verstehen. Aber Gott hat ihn nicht vergessen. Nach sieben Jahren kommt die Wende.

Eine gläubige Familie, die ihn nach dem Gottesdienst anspricht, öffnet die Tür in eine helle Zukunft. Nach und nach erfahren sie von dem stotternden, dürren Schwarzen, was eigentlich in ihm steckt. Irgendwann erzählt George auch sein Erlebnis vom Highland-College. Die befreundete Familie ist entsetzt.

Schon bald haben sie für ihn eine Hochschule gefunden, die ihn aufnimmt. Um sein Schulgeld bezahlen zu können, eröffnet er für Studenten eine Wäscherei. Er kann sogar sein Lieblingsgebiet studieren: Agrarwissenschaft

– das ist Landwirtschaftskunde. George vergeudet keine Zeit. Während er Hemdkragen weiß rubbelt, steht neben seinem Waschbottich ein Lehrbuch. Seine Studentenbude ist ein kleines Museum geworden, überall stehen Pflanzenproben, gesammelte Insekten und seltene Steinsorten. In dieser Zeit betet George, dass Gott sein Leben gebrauchen kann. Er möchte seinem schwarzen Volk ein Helfer werden. Genau auf diese Aufgabe bereitet Gott ihn vor.

George beendet sein Studium so glänzend, dass ihm eine Stelle im Landwirtschaftsministerium angeboten wird. Er arbeitet dort als Assistent in der Forschung und entwickelt Mittel gegen Pflanzenpilze. Bald darauf wird er sogar Professor der Agrarwissenschaft.

In dieser Zeit beten Christen in Alabama zu Gott um Hilfe. In Tuskegee ist ein neues College entstanden. Es soll auch Schwarzen eine höhere Schulbildung ermöglichen. Aber in den paar armseligen Baracken unterrichten nur wenige freiwillige Lehrer. Alles in diesem College haben die Studenten selbst gemacht. Die Hütten, die Schulmöbel und sogar das Essen. Das bereiten sie aus dem eigenen Garten zu. Aber der karge Boden kann die Studenten kaum ernähren. Niemand unterstützt die Schule mit Geld. Wie soll es nur weitergehen?

Da schreibt der Gründer des Colleges von Tuskegee einen Brief: *»Sehr geehrter Professor Carver, ich habe Ihnen kein Geld, keinen Ruhm und keine gute Stellung anzubie-*

ten. Das haben Sie auch alles schon. Ich bitte Sie herzlich darum, das alles aufzugeben. Ich biete Ihnen mühevolle Arbeit in der Aufgabe, ein Volk aus Erniedrigung, Nutzlosigkeit und Armut zu führen.« Vier Tage später steht Professor George W. Carver mit einem Köfferchen in Tuskegee. Gott hat ihm seinen Platz gezeigt.

Zunächst verbessert George die Felder um das College. Er düngt sie mit Küchenabfällen und baut Gemüse an. Dann richtet er ohne einen Penny ein Chemie-Labor ein. Mit einer Handvoll Studenten durchstöbert der Professor Müllberge und Schrotthaufen. Aus alten Flaschen, Blechdosen, Rohrresten und Drähten fertigen sie Glaskolben, Brenner und Leitungen.

Unermüdlich forscht George in diesem primitiven Labor nach Verbesserungen in der Landwirtschaft. Er arbeitet fieberhaft daran, ungenutzte Pflanzen nutzbar machen zu können. Als im Süden der USA ein Schädling die Baumwollernten vernichtet, entwickelt er ein neues Bekämpfungsmittel. Nach Missernten und schlechten Erträgen mit der Baumwolle stehen viele schwarze Farmer vor dem Bankrott.

Da empfiehlt Professor Carver den Bauern, statt Baumwolle Erdnüsse zu pflanzen. *»Erdnüsse sind nahrhaft und verbessern die Bodenqualität. Eure Felder werden sich erholen.«* Unermüdlich fährt George mit einem Pferdekarren aufs Land, um Unterricht in Ackerbau zu geben. Die Kutsche ist eine fahrbare Schule mit neuen Werkzeugen,

Gartengeräten und Pflanzensorten. Abends hält der Professor in den Dörfern Bibelstunden und übernachtet bei den einfachen Leuten.

In einem Nachtquartier steht George vor einer Waschschüssel und macht sich fertig fürs Schlafengehen. Plötzlich rennt der Sohn der Gasteltern durch die Hütte und schreit: *»Der Professor hat einen Anfall! Er hat die Tollwut oder so was. Seht nur den Schaum vor seinem Mund!«* Lachend erklärt George der Familie, woher der Schaum stammt. Noch nie hatte in diesem Dorf jemand seine Zähne geputzt, geschweige denn Zahncreme benutzt.

Täglich steht George um 4.00 Uhr auf, um mit Gott zu reden und sein Wort zu lesen. Eines Tages kommen wütende Farmer zu *»ihrem Professor«* und schimpfen ihn aus: *»Deine Erdnüsse liegen zentnerweise auf unseren Feldern und verrotten. Keiner will sie kaufen. Was sollen wir mit dem ganzen Zeug? Unseren Kinder hängen sie schon zum Hals heraus!«*

George macht sich große Sorgen. Hatte er die Farmer in noch größere Probleme gestürzt? *»Ich muss darüber beten!«*, sagt er, geht in sein Labor und schließt die Tür hinter sich zu. Dort fällt er auf die Knie und sagt: *»Vater im Himmel, wozu hast du die Erdnuss gemacht?«* Dann zeigt Gott ihm nach und nach die Antwort.

George nimmt Erdnüsse auseinander, wendet all seine chemischen Kenntnisse an und forscht und grübelt. Er presst Erdnussöl, schleudert es, erhitzt es und analysiert es. Er zerlegt das Mark in Zucker, Stärke, Kohlenhydrate und andere Substanzen. Tagelang verlässt er sein Labor nur, um körbeweise neue Erdnüsse zu holen. Dann ist es so weit. Gott hat ihm ein Stück seiner Geheimnisse preisgegeben.

Professor Carver führt den staunenden Beobachtern ein Glas gehaltvolle Milch vor – aus Erdnüssen. Er schlägt sie steif und macht daraus Butter und Käse – aus Erdnüssen. Er gefriert die Milch und bereitet Speiseeis zu – aus Erdnüssen; Salate, Fleischersatz, Suppen, Kuchen, Cornflakes und Süßigkeiten ebenso – aus Erdnüssen.

Diese Entdeckungen setzen alle so in Erstaunen, dass George sie dem Senat (der Regierung) der USA in Washington vorstellen soll. Er freut sich über die Erlaubnis, seine Erdnuss-Entdeckungen Politikern vorführen zu dürfen. In der Hauptstadt angekommen, bittet er einen jungen Kofferträger, ihm bei seinem schweren Gepäck zu helfen. *»Tut mir leid, Väterchen«*, sagt der Kofferträger. *»Ich habe keine Zeit. Ich warte hier auf einen berühmten Wissenschaftler aus Alabama.«* Der berühmte Wissenschaftler nimmt seine Koffer und trägt sie selbst zum Regierungssitz.

Im Senat lässt man ihn als Letzten ans Rednerpult. Ihm bleiben nur zehn Minuten bis zum Sitzungsende. Carver öffnet seine Koffer, kramt Fläschchen, Schachteln und Gläschen hervor und stellt sie vor sich aufs Podium. Die

Abgeordneten hören erst gelangweilt, dann aber mit offenen Mündern von Mayonnaise, Farbstoffen, Shampoo, Schmierfett und Öl aus Erdnüssen.

Nach zehn Minuten gibt man ihm einstimmig Verlängerung der Redezeit. *»Hier ist Pulverkaffee, Schuhcreme, Grillsoße, Tinte, Essig, Seife, Papier, künstlicher Marmor – alles aus Erdnüssen.« – »Wo haben Sie das alles her?«*, fragt einer der Abgeordneten. – *»Aus einem Buch.« – »Aus welchem Buch?« – »Aus der Bibel! Sie sagt uns, dass Gott alle Dinge mit einem Nutzen für uns Menschen gemacht hat, auch die Erdnuss. Gott hat mir einige ihrer Geheimnisse enthüllt.«*

Zwei Stunden fesselt der dürre schwarze Professor den Senat mit seiner Vorführung. Immer wieder macht er humorvolle Bemerkungen und originelle Vorschläge. Als er seine Rede beendet, erheben sich alle Abgeordneten und geben stürmischen Applaus. Seit dieser Zeit spielt die Erdnuss eine wichtige Rolle in der Landwirtschaft Amerikas.

Die letzten Tage seines Lebens verbringt George fast ausschließlich als Schwerkranker im Bett. Viele kommen zu ihm, um Rat und Hilfe zu bekommen. Ein Jugendlicher fragt ihn: *»Bitte, geben Sie mir nur einen einzigen Rat, einen Gedanken mit, der mir im Leben sicher helfen wird.«* Der alte Professor antwortet mit einem Vers aus Sprüche 3, Verse 5 und 6: *»Vertraue auf den HERRN mit deinem ganzen Herzen, und stütze dich nicht auf deinen*

Verstand. Erkenne ihn auf allen deinen Wegen, und er wird gerade machen deine Pfade.« Er betet gerne mit den Besuchern, die dies wünschen. Als es einmal im Nebenzimmer klappert und scheppert, fragt der altersschwache George: *»Was war das?«* – *»Ich bin es, Mr. Carver, ich bin dabei, Ihr Mittagessen vorzubereiten«*, antwortet die Köchin von nebenan.

»Hm – vorbereiten?«, wiederholt George langsam. *»Ach ja, und Jesus bereitet meinen Platz im Vaterhaus vor.«* So sagt es Jesus in der Bibel in Johannes 14,2. Diesen Satz hat George sein Leben lang geliebt und diesen Herrn Jesus ebenso. Mit etwa 80 Jahren starb Professor Carver.

Als kleines Baby eingelöst um den Preis eines Pferdes.
Als junger Mann losgekauft von der Macht der Sünde durch das Blut des Herrn Jesus Christus.
Als alter Mann erlöst von einem harten Leben auf der Erde, um für immer bei seinem Herrn zu sein.
Das war das reiche Leben von George W. Carver. ✱

Nur ein Glücks-Fall?

Es geschah mitten in Paris. Ein kleines Kind auf dem Balkon im 7. Stock! Seine Eltern passten gerade nicht auf. Der 18-monatige Junge hatte sich durch die Gitterstäbe seines Laufställchens gezwängt und war dann unbemerkt auf den Balkon getapst. Sein vierjähriges Geschwisterchen sah nur noch entsetzt, wie der Kleine den Halt verlor und in die Tiefe stürzte. Aber lies selbst, wie dieser schlimme Absturz zu einem »Glücks-Fall« wurde …

Idris ist eineinhalb Jahre alt. Er kann zwar schon prima laufen und klettern, aber noch nicht sprechen. Es ist nachmittags, halb fünf. Idris hat ein schmales Köpfchen – das steckt er durch das Balkongeländer und guckt neugierig nach unten. Plötzlich flutscht der Kleine zwischen den Eisenstäben durch, verliert den Halt und stürzt ab.

Wenn jetzt kein Wunder geschieht, ist er in zwei, drei Sekunden tot. Immerhin liegt der Balkon 20 Meter über der asphaltierten Straße. Einen so tiefen Sturz kann niemand überleben. Es sei denn …

Das Hochhaus, aus dem Idris fällt, steht an einer belebten Straßenkreuzung in Paris. Ganz unten, im Erdgeschoss, ist ein nettes Café. Es hat heute geschlossen, denn an diesem Novembertag ist Feiertag. Deshalb sind auch nur wenige Menschen auf der Straße, als das Unglück passiert. Wie sollte Idris da eine Chance haben?

Erstaunlicherweise geschah in dem Café am Abend davor etwas Eigenartiges. Der Besitzer, Monsieur Hacéne, machte etwas früher Feierabend als sonst und wollte nach Hause gehen. Zum Kellner sagte er: *»Gabié, mach um 20 Uhr zu, fahr noch das Sonnendach ein und schließ alles ab.«*

Das Sonnendach war eine große Markise, die an der Hauswand befestigt war und weit auf den Gehsteig hinausragte. An einer Kurbel konnte man sie einfahren. Monsieur Hacéne ging heim. Er ließ Gabié allein mit den letzten Gästen im Café zurück.

Kurz nach 20 Uhr klingelte bei Monsieur Hacéne das Telefon. Wer konnte das sein? *»Hallo Chef, hier ist Gabié. Entschuldigung, dass ich störe, aber ich habe ein Problem.«* Etwas genervt fragte Monsieur Hacéne: *»Ja, was gibt's denn?«* – Der Angestellte aus dem Café antwortete: *»Monsieur, äh – tut mir leid, aber die Markise ist kaputt. Sie klemmt. Ich kann sie nicht mehr einfahren. Was soll ich jetzt machen? Soll ich einen Mechaniker rufen?«*

»Ach was«, meckerte der Chef. *»Dafür ist es jetzt zu spät. Der verlangt um diese Uhrzeit viel zu viel Geld – Feierabend-Zuschlag. Das wird zu teuer. Lass die Markise einfach ausgefahren. Dann müssen wir uns halt später drum kümmern. Schließ alles gut ab. Morgen ist ja Feiertag, also dann bis übermorgen …«* Sauer knallte Monsieur Hacéne den Hörer auf die Gabel. *»So ein Käse«*, murrte er. *»Die Markise habe ich doch erst vor zwei Jahren neu*

anbringen lassen. Die kann doch unmöglich schon kaputt sein! Da hat Gabié doch bestimmt irgendeinen Murks beim Zurückdrehen gemacht ...«

Während Idris im freien Fall Richtung Straße stürzt, geht unten gerade Philippe Bensignor mit seinem Sohn zum Briefkasten und ... Aber lassen wir doch Philippe Bensignor selbst erzählen, was dann passierte:

——— ◆ ———

Vor kurzer Zeit lag ich tieftraurig in meinem Bett und konnte nicht einschlafen. Gedanken quälten mich und viele ungelöste Fragen: Wozu lebe ich? Macht mein Leben Sinn? Warum bin ich so traurig? Es ist doch alles so sinnlos auf dieser Welt.

Ich bin nie besonders religiös gewesen, hatte also mit Gott wenig zu tun. Doch in dieser Nacht betete ich: *»Gott, wenn es dich gibt, dann gib mir bitte ein Zeichen, dass das alles hier nicht sinnlos ist. Bitte zeige mir, dass du da bist. Danke! Amen.«* Ich konnte ja nicht ahnen, dass Gott dieses Gebet wirklich erhören würde.

Mein Sohn Raphael und ich waren gerade auf dem Weg zum Briefkasten. Am späten Nachmittag dieses Feiertags zogen wir los. Wir hatten keine Eile. Allmählich wurde es dunkel. Außer Raphael und mir waren kaum Leute auf der Straße. Mein Sohn schaute nach oben und entdeckte, dass jemand am Balkongeländer kletterte. Plötz-

lich rief er: *»Papa! Papa!!! Da oben ...!«*
Ich schaute hoch und sah
die winzige Gestalt.
Entsetzt hielt ich
die Luft an ...

»Oh nein!« Doch zu spät! Ich sah, wie der Kleine den Halt verlor und abstürzte. Für einen Augenblick schien die Zeit stehen zu bleiben. Was sollte ich tun? Es blieb keine Zeit zum Nachdenken.

Ich verfolgte konzentriert den Fall des kleinen Bündels. Es fiel und fiel … direkt auf die Markise. Und von dort im hohen Bogen wieder heraus. Ich machte im Bruchteil einer Sekunde einen Schritt nach vorn und – fing den kleinen Jungen auf. Unglaublich, oder!?

Dieses Baby fiel direkt vom Himmel in meine Arme. Ich stand genau zur richtigen Zeit am richtigen Ort. Ich kann es immer noch nicht fassen.

Da lag dieses kleine Wesen in meinen Armen. Ich schaute es mir genau an. Es musste doch Schrammen, Quetschungen oder Brüche haben. Aber ich konnte nur staunen. Alles schien okay! Ihm fehlte scheinbar nichts.

Trotzdem riefen die schockierten Eltern einen Rettungswagen und ließen den Kleinen sicherheitshalber ins Krankenhaus bringen. Vielleicht hatte er ja innere Verletzungen. Aber auch die Ärzte konnten nichts feststellen. Nach einer eingehenden Untersuchung durfte Idris nach Hause. Es war ihm NICHTS passiert.

Da erinnerte ich mich an meine schlaflose Nacht. Hatte ich da nicht gebetet? Was war das doch gleich? Wie hatte ich zu Gott gesagt? Ach ja: *»Gott, wenn es dich gibt, dann* *gib mir ein Zeichen, dass das alles hier nicht sinnlos ist …?«* Und hier war sie – die Antwort. Das Kind vom Himmel! Das konnte unmöglich ein Zu-Fall sein. Das war auch kein Glücks-Fall. Das war das Zeichen von Gott. Noch an demselben Abend ging ich in eine Kirche. Ich wollte mich unbedingt bei Gott bedanken.

——— ◆ ———

Als Zeitungsleute und Fernsehreporter den Café-Besitzer Hacéne nach dem Baby-Absturz befragen, sagt er:

»Ein wirkliches Wunder ist das! Die Markise ist ja um diese Zeit normalerweise eingerollt. Weil aber die Mechanik ausgerechnet am Abend zuvor blockierte, blieb die Stoffbahn ausnahmsweise ausgefahren. Somit war unsere Markise wie ein Sprungtuch für das Kind. Überlegen Sie mal – der Kleine wäre doch sonst mit einer Geschwindigkeit von über 70 Stundenkilometern direkt auf dem harten Asphalt aufgeschlagen. Das wäre sein sicherer Tod gewesen. Und dann noch diese unglaubliche Sache, dass der Junge danach wie von einem Trampolin abgefedert genau in die Arme eines Mannes fiel, der zufällig am Briefkasten stand und dessen Sohn gerade zufällig nach oben schaute. Hm, ziemlich viele Zufälle, nicht wahr!?«

——— ◆ ———

War das wirklich alles nur eine erstaunliche Verkettung von Zufällen oder doch ein echtes Wunder? Hatte da nicht doch eine höhere Macht ihre Hand im Spiel? Erinnerst du dich? Der Mann hatte doch gebetet und Gott um Hilfe angerufen. Er fragte nach dem Sinn im Leben und wollte gern ein Zeichen sehen. Na, und Gott? Er machte diesen Mann zum Retter eines Babys und hat damit auf dessen Gebet reagiert und eindeutig geantwortet. Was denkst du? Dennoch alles nur Zufälle oder doch ein Wunder?

Das Kind vom Himmel ist für Philippe Bensignor quasi ein Geschenk des Himmels geworden. Von diesem Tag an hat der Retter des kleinen Idris begriffen, dass Gott lebendig ist und ihm ein Leben mit Sinn schenken möchte. Und genau deshalb wollte sich der Franzose auch bei Gott bedanken, den er auf so wunderbare Weise erlebt hat.

Diese Geschichte, die sich im November 2010 in Paris tatsächlich ereignet hat, erinnert mich daran, dass Jesus Christus auch uns auffangen und helfen möchte. Hast du vielleicht schon mal die Erfahrung gemacht, dass Gott tatsächlich da ist? Dass er hilft? Ja, dass er auf dein Gebet hört und reagiert? Nein? Dann versuch es doch mal! Sprich mit ihm. Sag ihm auch deine Zweifel oder deinen Kummer. Auch dir kann und will Gott zeigen, dass er da ist und dein Leben keineswegs sinnlos ist.

Jesus wartet geradezu darauf, dass wir uns ihm anvertrauen und ihm alles bringen, was uns auf dem Herzen liegt. Mir fällt ein Vers aus der Bibel ein, wo Jesus sagt:

»Wer zu mir kommt, den werde ich nicht hinausstoßen« (Johannes 6,37b). Das ist doch eine wunderbare Sache, nicht wahr!?

Dieses herabgestürzte Kind war für Philippe Bensignor ein Zeichen vom Himmel, eine besondere Gnade von Gott.

Das erinnert mich an Jesus Christus. Der kam auch als ein schutzloses Baby vom Himmel als ein »Zeichen«, als großes Wunder zu uns herab. Das war allerdings kein Unglück, sondern Gottes ewiger Plan. Er schickte Jesus vom Himmel, um uns zu retten.

Jesus kam zu uns auf die Erde, weil er uns nah sein wollte, weil er mit uns leben wollte. Auch heute kannst du ihn erleben ...!? *»Denn die Gnade Gottes ist erschienen, heilbringend für alle Menschen.«*

Uns hat ein Kind aus dem Himmel besucht: Jesus! *»Er hat sich selbst für uns gegeben, damit er uns von aller Gesetzlosigkeit loskaufte«* (Titus 2,11-14). Hast du dich schon ganz persönlich bei Jesus dafür bedankt? ✷

Der Keulenschlag

Der bekannte Prediger Heinrich Kemner hat die Geschichte selbst erlebt und in seinem Tagebuch festgehalten. Heinrich wurde als Jugendpastor und Schriftsteller weit über die Grenzen Deutschlands hinaus bekannt.

Heinrich wurde auf einem alten Bauernhof im Minden-Ravensberger Land geboren, auf dem er bis zu seinem Abitur arbeitete. Als junger Kerl verlor er fast seinen Glauben. Er las viele Bücher, die seine Zweifel an Gott verstärkten. Seine Gebete kamen ihm wie nutzlose Selbstgespräche vor. Zum Gottesdienst ging er nur noch aus Gewohnheit. Aber seine Mutter wies ihn immer wieder auf Jesus hin.

Dennoch wollte Heinrich nach einem spannenden Job auf einem Rittergut in Österreich Theologie studieren. Das Problem war nur: Er hatte sich verliebt und der jungen Frau versprochen, sie bald zu heiraten. Sie hieß Anita und lebte in Ostdeutschland – in der Nähe der Insel Rügen. Von seiner Verlobten würde Heinrich in Wien also 1000 Kilometer entfernt sein.

Die beiden schrieben sich viele Briefe und übten sich in Geduld. Immer wieder bat Anita: *»Heinrich, ich sehne mich so nach dir. Bitte, komm mich bald besuchen.«* Aber Heinrich hatte gerade ein paar wichtige Prüfungen zu bestehen und kaum Geld für die lange Bahnreise.

Er schrieb ihr zurück und vertröstete sie auf die Sommerferien. *»Mein Schatz, du musst dich noch drei Monate gedulden. Das Studium lässt mir keine andere Wahl.«*

Anita blieb also nichts anderes übrig, als ihrem geliebten Heinrich zu schreiben und zu warten. Er bemühte sich, ein guter Student zu sein, um seine Verlobte bald besuchen zu können. Doch dann geschah etwas Schreckliches …

Genau an Ostern bekam Heinrich einen schwarz umrandeten Brief, der ihn wie ein Keulenschlag traf. Seine geliebte Anita war an Hirnhaut-Entzündung erkrankt und innerhalb von wenigen Tagen gestorben!

Zitternd hielt Heinrich die Todesnachricht in der Hand. Da schrie er laut auf vor Schmerz. Er würde seine Antita auf dieser Erde nie wiedersehen. Warum hatte er sich nicht zu ihr auf den Weg gemacht? Warum hatte er sein Studium so wichtig genommen? Er fühlte sich so schuldig.

Hatte sie ihn nicht um seinen Besuch gebeten? Ging es ihr vielleicht schon länger schlecht? Hätte er nicht alles stehen und liegen lassen müssen, um bei ihr zu sein? Aber er hatte zu spät von ihrer Krankheit erfahren. Und nun war sie tot.

In seinen Lebenserinnerungen schrieb Heinrich Kemner Folgendes auf:

Damals habe ich gemerkt, wie schrecklich öde und leer die Welt ist, wenn man einen Traum begraben muss. Ich hatte meine große Liebe verloren. Am liebsten wäre ich auch gestorben.

In Wien läuteten die Osterglocken. Obwohl ich sie in meiner kleinen Studentenbude deutlich hörte, fanden sie in mir kein Echo. Mein Herz war wie versteinert.

Ich konnte die Osterbotschaft nicht begreifen und noch weniger zum Gottesdienst gehen. Was sollte ich da? In mir war alles kalt und leer. Innerlich war ich weit weg von Gott. Wie konnte Gott mir nur so etwas antun?

An diesem Vormittag flüchtete ich in Richtung der Berge. Ich musste raus aus der Stadt, um allein zu sein. Mit strammen Schritten überquerte ich die Donaubrücke und marschierte hinauf in den Dunkelsteinerwald. Auf meinem Weg durch Gärten und Weinberge fand ich auf einer Anhöhe eine Bank.

Wie lange ich dort gesessen habe, weiß ich nicht. Ich grübelte und weinte und drehte mich gedanklich im Kreis. Anita! Ich schaute zwar in die Ferne, aber mein Blick ging ins Leere.

Ohne dass ich es bemerkte, näherte sich ein kleines Mädchen meiner Bank. Es suchte an dem sonnigen Hang seelenruhig nach Osterblumen.

Als sie mich entdeckte, schaute sie erst verlegen weg. Doch etwas später sah sie mich mit fröhlich lachenden Augen an und kam etwas näher. Ich wollte eigentlich keinem Menschen begegnen, aber dieses kleine Mädchen lenkte mich etwas ab.

Pflückend und summend umkreiste sie meine Bank, bis sie einen riesigen Strauß zusammenhatte. Als ihre Hände die Blumen kaum noch fassen konnten, kam sie langsam und zaghaft auf mich zu.

»Da hast du aber schöne Blumen gepflückt. Für wen sind die denn?«, fragte ich und erwartete eigentlich keine Antwort. Die Befangenheit fiel von dem kleinen Mädchen ab. In kindlichem Vertrauen schaute sie zu mir auf. Behutsam drückte sie mir den riesigen Osterstrauß in die Hand. *»Darf ich dir den Strauß schenken?«*

Ich war völlig überrascht. Verdutzt fragte ich zurück: *»Warum mir? … Der Strauß ist so schön und du hast bestimmt lange gepflückt.«* Doch die Kleine antwortete nur: *»Der ist für dich, weil du so traurig bist.«*

Dieses kleine Mädchen hatte meinen großen Kummer bemerkt? In meinem Herzen stieg die ganze Trauer hoch, die der Tod eines geliebten Menschen weckt. Ich musste die ganze Zeit an Anita denken. Wer konnte mir da helfen? Wer konnte mich von meinen Selbstvorwürfen befreien? Dieser Blumenstrauß jedenfalls nicht.

Auch die schöne Natur um mich her, die Blütenpracht der Obstbäume in den umliegenden Gärten, der sonnige Frühlingstag konnten mir nicht aus meiner Schwermut heraushelfen.

Die Schatten eines unruhigen Gewissens wichen nicht – trotz strahlender Frühlingssonne. In mir blieb es traurig und finster.

Aber mein tiefer Kummer war dem kleinen Mädchen nicht verborgen geblieben. Also nahm ich die selbst gepflückten Blumen an und zog aus meiner Tasche ein Geldstück. »*Hier, das ist für deine Mühe. Danke für die schönen Blumen!*«

Das Mädchen sah nicht so aus, als lebten ihre Eltern im Überfluss, aber sie schüttelte sofort den Kopf und sagte: »*Ich nehme kein Geld. Ich wollte dir die Blumen schenken. Es ist doch Ostern.*«

»*Ja, es ist Ostern*«, wiederholte ich leise. »*Und du freust dich sicher auf die Ostereier oder ein Geschenk.*« – »*Bei uns gibt es dieses Jahr nichts! Das Geld reicht nicht, sagen meine Eltern.*«

Da wurde ich aus meinem Selbstbedauern erst richtig wach. Jetzt erst bemerkte ich, wie ärmlich das Kind gekleidet war. Erstaunt fragte ich: »*Und trotzdem bist du so fröhlich? Kannst du mir sagen, warum?*«

»*Hast du das denn ganz vergessen?*«, fragte die Kleine verdutzt zurück. Ich zuckte mit den Schultern. »*Was meinst du?*«

»*Weil Jesus Christus an Ostern auferstanden ist und lebt. Darum freue ich mich. Du dich denn nicht?*«

Dieser kurze Satz läutete bei mir lauter als alle Osterglocken. Er ist mir unvergesslich geblieben. Das kleine

Mädchen überrumpelte mich mit Osterfreude. Sie bewirkte in diesem Moment, dass es auch in meinem dunklen Leben wieder hell wurde. Die tiefe Traurigkeit wurde überstrahlt von Hoffnungslicht.

Ich konnte plötzlich den Blick wieder wechseln – von der Verzweiflung zu dem, der sagte: *»Ich bin bei euch alle Tage bis zur Vollendung des Zeitalters.«* Wie hatte ich diese Gewissheit nur vergessen können?

Mit der trüben Funzel meines Verstands konnte ich meine Sorgen und Ängste nicht erhellen. Ich brauchte die helle Ostersonne, die mir zeigte, dass Jesus lebt.

Der Blumenstrauß stand noch viele Tage in meinem Studentenzimmer – bis er ganz welk war. Aber die Auferstehungshoffnung welkt nie.

———— ◈ ————

So wie bei Heinrich Kemner war es auch damals bei den Jüngern. Nach Jesu Tod waren sie total verzweifelt. Ihre Hoffnung war dahin. Sie sahen keinen Sinn mehr im Leben. Die Freunde von Jesus konnten erst gar nicht glauben, was ihnen da gesagt wurde: Jesus lebt!

Im 1. Petrus-Brief, Kapitel 1, Vers 3 steht, dass wir durch die Auferstehung Jesu *»eine lebendige Hoffnung«* haben. Nicht eine lahme Hoffnung, nicht eine leise Hoffnung, sondern eine quicklebendige Hoffnung, die über den

Tod hinausgeht. Sie ist durch Leiden und Sterben nicht kaputt zu kriegen. Denn Jesus Christus war tot, ist aber wieder lebendig geworden. Deshalb feiern wir Ostern.

Die Pyramiden von Gizeh in Ägypten sind berühmt,
weil darin prunkvolle Pharaonen begraben liegen.

Der Tadsch Mahal in Indien ist berühmt,
weil in diesem Palast die Lieblingsfrau
eines Großmoguls bestattet wurde.

Der Invalidendom in Paris ist berühmt,
weil dort der große Kaiser Napoleon
seine letzte Ruhestätte fand.

Das Grab von Jesus in einem Garten von Jerusalem
ist berühmt, WEIL ES LEER IST!

Noch heute ist dort an der Tür ein Schild mit einem
Satz aus der Bibel angebracht:

»Was sucht ihr den Lebendigen unter den Toten?
Er ist nicht hier, sondern er ist auferstanden.«
Lukas 24,5-6 ✷

Das Wunderkind

Wer die folgende Geschichte liest, wird in eine völlig fremde Welt versetzt. Hinter dichten Wäldern, weit ab von Städten und Straßen, liegt Heinrich Jung-Stillings Geburtshaus. Es ist eine einfache rußgeschwärzte Hütte, zwei Stunden Fußweg von Siegen entfernt.

Damals, 1750, leben hier nur ein paar Schweinehirten, Holzfäller und Köhler. Köhler sind Leute, die aus klein gehackten Holzscheiten wertvolle Holzkohle herstellen können.

Heinrichs Großvater Ebert Jung ist ein solcher Köhler, der hügelweise Buchenscheite zu Holzkohle für die Stahlöfen brennt. Diese Kohle verkauft er alle paar Wochen an einen Fuhrmann. Schon als kleines Kind darf Heinrich seinem Opa beim Köhlerhandwerk behilflich sein.

Heinrichs Mutter ist leider schon tot. Und sein Papa? Seit er seine geliebte Frau verloren hat, ist er in eine tiefe Traurigkeit gefallen. Deshalb kümmern sich die beiden Großeltern um Heinrichs Erziehung.

Seine Kindheit ist sehr, sehr ungewöhnlich: Bis er sieben Jahre alt ist, begegnet er keinem einzigen anderen Kind! Kannst du dir das vorstellen? Keine Nachbarskinder, keine Geschwister, keine Spielkameraden ...

Sein Opa hält ihn bewusst von allen Einflüssen fern. Der Großvater möchte Heinrich ganz allein erziehen und ihn erst gar nicht mit etwas Schlechtem in Berührung kommen lassen. Heinrich kennt keine wilden Spiele, keinen Streit, keine Schlechtigkeit – nur seine Großeltern, die ihn sehr, sehr lieb haben.

Die wenigen Erwachsenen, die dem Köhlerknirps ab und zu hinter dem Wald begegnen, sind erstaunt über seine Pfiffigkeit. Als zum Beispiel ein Nachbar in die niedrige Köhlerhütte tritt, sieht er den 5-jährigen Heinrich mit einem Buch in der Ecke sitzen.

Da fragt ihn der Nachbar: *»Was tust du denn da?«* – Der Knirps antwortet etwas schüchtern: *»Ich lese.«* – *»Waaas? Lesen? Kannst du Dreikäsehoch denn schon lesen?«*

Heinrich sieht den Besucher verwundert an und sagt: *»Das ist ja eine dumme Frage, ich bin doch ein Mensch.«*

Und dann gibt er dem verdutzten Nachbarn eine Kostprobe seiner Lesekunst: Mit Leichtigkeit und guter Betonung liest er laut vor.

Der Nachbar ist völlig verblüfft über diese Lesekunst des 5-Jährigen und ruft laut: *»Da hol mich doch der Teufel! So was hab ich mein Lebtag noch nicht gesehen.«*

Bei diesem Fluch springt der kleine Heinrich kreidebleich auf, klettert auf den Stuhl, auf dem er saß, und sieht sich zitternd nach allen Seiten in der Hütte um und betet: *»Gott, bitte sei gnädig mit ihm, dass der Teufel ihn nicht holen darf!«* Noch nie hat Heinrich einen so schlimmen Fluch gehört und ist sich sicher: Gleich wird sich der Teufel den Nachbarn schnappen.

Das Gerücht von dem aufgeweckten Kind verbreitet sich rasch in der Gegend. Und so kommt es, dass auch der Pastor aus der Gegend, Pastor Stollbein, sich das Wunderkind einmal ansehen will. Er schaute sonst nur alle paar Jahre mal bei den Köhlern vorbei.

Kurz nach seiner Ankunft und einem kleinen Imbiss fragt der Pastor den Knirps: *»So, man erzählt sich, dass du schon lesen kannst?! Kannst du denn auch schon die Zehn Gebote und das Glaubensbekenntnis aufsagen?«* – *»Ja, beinahe«*, antwortet Heinrich.

»Wie – beinahe? Das ist doch das Allererste, was Kinder lernen müssen …« – *»Nein, Herr Pastor, das ist nicht das*

Erste. Entschuldigen Sie, Herr Pastor, wenn ich widerspreche. Kinder müssen erst beten lernen, dass ihnen Gott Verstand gibt, damit sie das Glaubensbekenntnis und die Gebote begreifen.«

Da fragt der Pastor den altklugen Jungen etwas verärgert: *»So so! Wie betest du denn?«* Der Gefragte antwortet dem Pastor: *»Ich bete: Lieber Gott, gib mir Verstand, dass ich begreife, was ich lese.«*

»Hmm«, murmelt der Pastor, *»das ist recht, mein Sohn. So bete nur weiter ...« – »Ich bin aber nicht Ihr Sohn!«*, widerspricht Heinrich dem Pastor schon wieder. *»Doch, du bist mein Sohn. Ich bin nämlich dein geistlicher Vater, verstehst du?«*

»Nein. Gott ist mein geistlicher Vater! Ihr seid nur ein Mensch. Ein Mensch kann doch kein Geist sein.« Da bleibt dem Pastor die Spucke weg. *»Wie meinst du das, Heinrich? Hast du denn keinen Geist und keine Seele?«*

Wieder ist Heinrich um keine Antwort verlegen. Er sagt: *»Ja, natürlich habe ich Geist und Seele! Wie können Sie so etwas fragen? Aber ich kenne Gott, meinen geistlichen Vater! Sollte ein Mensch Gott nicht kennen?«*

Da kratzt sich der alte Pastor am Kinn und fragt noch verwunderter: *»Aber du kannst Gott doch gar nicht sehen ... Woher weißt du, dass es Gott gibt?«* – Erst schweigt Heinrich eine Weile. Dann steht er auf, holt seine wohlgebrauchte Bibel vom Kamin-Sims und findet mühelos die Stelle aus Römer 1,19+20 und zeigt sie dem Pastor.

»Hier steht's: ›... weil das von Gott Erkennbare unter ihnen offenbar ist, denn Gott hat es ihnen offenbart – denn das Unsichtbare von ihm wird geschaut, sowohl seine ewige Kraft als auch seine Göttlichkeit, die von Erschaffung der Welt an in dem Gemachten wahrgenommen werden –, damit sie ohne Entschuldigung seien ...‹«

Jetzt hat Pastor Stollbein genug erfahren. Nicht nur das der Knirps lesen kann, er kennt sogar die Bibel und findet ohne Probleme die passenden Bibelstellen. Der Pastor schickt den Knaben aus der Hütte. Er möchte mit dem Großvater allein sein. Dann bückt er sich nach vorne und sagt zu dem alten Köhler:

»Euer Enkel wird alle seine Ahnen weit übertreffen. Passt nur gut auf ihn auf und erzieht ihn recht streng. Er wird einmal ein großer Mann in der Welt.«

Und so kam es auch: Heinrich Jung, genannt Stilling, wurde erst Lehrer, dann Augenarzt und später sogar Professor und Schriftsteller. Er schrieb seine Lebenserinnerungen auf und führte mit seinem Bericht viele zum Glauben an den Herrn Jesus. ✷

Der Posaunengeneral

Kennst du jemanden, der Trompete, Horn oder Posaune spielt? Bist du sogar selber ein Blechbläser? Wenn nicht, dann lernst du hier einen seltsamen Musiker kennen – Johannes Kuhlo, den »Posaunengeneral«. In Psalm 150, Vers 3 heißt es: »Lobt den HERRN mit Posaunenschall!«

Johannes Kuhlo wurde am 8. Oktober 1856 in der Nähe von Herford geboren. Eigentlich hieß er Karl Friedrich Johannes Kuhlo, aber alle nannten ihn nur Johannes. Schon mit sechs Jahren machte er seine erste Erfahrung mit einem Blasinstrument. Und das kam so:

Zu Weihnachten hatte ein Nachbarsjunge ein kleines Posthorn geschenkt bekommen. Ein Posthorn ist ein ganz einfaches Instrument: ein Schnörkel aus Messingblech mit goldenen Bommeln am Griffstück. Es sah aus wie eine Fahrradhupe. Nur – statt einem Gummibalg gab es ein Mundstück zum Hineinpusten. Früher benutzten die Postkutscher dieses Horn und meldeten damit lautstark: *»Die Post ist da!«* Heute benutzen Jäger noch ein ganz ähnliches Horn.

Johannes fand dieses Horn so faszinierend, dass er unbedingt darauf spielen wollte. Er bettelte so lange, bis der Nachbarsjunge es ihm auslieh. Dann setzte er sich auf die Haustürtreppe und pustete mit vollen Backen in die »Blechbrezel«. Das knatterte und schepperte so laut, als ob ein Elefantenbulle Schnupfen hätte. Das halbe Dorf fragte sich: »*Was hupt denn da so verrückt?*« Doch nach ein wenig Üben klang es schon ganz passabel. Schon bald konnte Johannes besser auf dem Horn blasen als dessen Besitzer.

Mit acht Jahren zeigte der Bursche, dass noch viel mehr in ihm steckte. Sein Vater brachte damals eine verbeulte Posaune mit nach Hause. Da bekam Johannes glänzende Augen. Er nahm das Instrument mit in sein Zimmer, schaute sich die Ventile und Züge an und probierte es einfach mal aus. An diesem Nachmittag brachte er sich alleine das Spielen bei. Ganz ohne Lehrer und Musikschule. Sein Vater war so begeistert, dass er von da an mit in den örtlichen Posaunenchor durfte.

Schon am nächsten Sonntag saß Johannes als Bläser mit im Gottesdienst. Er durfte zum ersten Mal im Posaunenchor die Begleitmusik spielen. Johannes konnte sein Glück nicht fassen. Er fühlte sich als Star. Deshalb schmetterte er beim Ausgangsstück so laut er konnte. Nach dem Lied drehte sich sein Vordermann um und sagte: »*Hew de Pastorenjung over n' Puste!*«

Das hatte auch sein Vater, der Pastor, mitgekriegt. Zu Hause wies er ihn dafür hart zurecht. Er sagte: »*Johannes, wenn du noch mal so einen unverschämten Krach machst, nehme ich dir die Posaune weg. In der Bibel, im Philipperbrief steht geschrieben: ›Alles, was lieblich ist, alles, was wohllautet, … dies erwägt.‹*«

Von da an übte Johannes das Pianissimo. Bisher hatte er immer nur viel Lärm gemacht. Doch bald konnte er mit seinem Insrument so leise Töne von sich geben, dass man im Nebenzimmer fast nichts mehr davon hörte.

In dieser Zeit bat ihn sein Vater, ein paar Notenblätter abzuschreiben. Es gab damals noch keine Kopierer. Alles musste mühsam von Hand abgeschrieben werden. Johannes malte die Noten so sauber, dass man seine Blätter kaum vom Original unterscheiden konnte.

Mit fünfzehn Jahren gründete er einen Schul-Posaunenchor am Evangelisch Stiftischen Gymnasium Gütersloh. Damals hatte er die genialste Erfindung seines Lebens: Er schrieb die Noten für Bläser so um, dass sie mit den Noten für das Klavier übereinstimmen. Bisher hatten Blechbläser und Tasteninstrumente ganz verschiedene Noten. Von da an konnten Posaunenchor und Orgel gemeinsam den Gemeindegesang begleiten.

Seine Idee setzte sich überall durch. Noch als Schüler stellte er sein erstes Posaunenbuch zusammen. In Tag- und Nachtarbeit saß er am Schreibtisch und schrieb ganz neue Notensätze. Er wollte mit neuer Musik Gott ehren und seine Mitwelt erfreuen. Im Laufe der Jahre sollten noch viele, viele Bläserstücke folgen.

Aber er war nicht nur ein Schreibtischtäter. Johannes trieb es hinaus auf die Straße: In aller Frühe zog er sonntags mit ein paar Bläsern los. Sie gingen durch die umliegenden Dörfer und spielten ein paar schöne Melodien. Das sorgte erst mal für Ärger. Immerhin war es Sonntag-Morgen und noch nicht mal acht Uhr. Die Leute wollten doch ausschlafen.

Hier und da flog ein Fensterladen auf und jemand schrie wütend: *»RUHE!«* Doch Johannes machte das nichts. Er rief den Geweckten am Fenster zu: *»Liebe Leute, wir wollten euch nicht ärgern, sondern ein Ständchen bringen. Dürfen wir, jetzt, wo ihr wach seid, noch ein Stück blasen?«* Und dann gab es ein kleines Platzkonzert: ein paar Evangeliums-Lieder, dann eine kurze Ansprache von Kuhlo, eine Einladung zum Gottesdienst und immer wieder alte Choräle.

Johannes Kuhlo meinte: *»Wenn die Leute sonntags nicht in den Gottesdienst kommen, müssen Gottes Diener sonntags zu den Leuten kommen.«* Er wollte unbedingt seine Mitmenschen mit Gottes froher Botschaft erreichen. Und das Unerwartete geschah: Bald freute man sich in der ganzen Gegend über die frühe Sonntagsmusik. Es machte den Sonntag zu etwas Besonderem. So brach Johannes Kuhlo mit Posaunenschall die harten Herzen, wie Josua damals die dicken Mauern von Jericho.

Viele junge Menschen wurden von der Musik und Kuhlos Botschaft gepackt – und auch von seiner Person. Er war ein Original Gottes – etwas verschroben, unverwüstlich und sehr humorvoll. Ihn beseelte ein unstillbarer Drang, das Evangelium hinauszutragen.

Einer brachte den anderen mit in die Gottesdienste. Der Geist Gottes bewegte die Herzen und sprach die Menschen mit unfassbarer Macht an. Viele wurden verändert und durch den Glauben an Jesus zu neuen Menschen.

Kuhlo berichtete: »*Wenn wir im Chor ein neues Lied lernen, dann beten wir zuerst auf Knien um den Segen Gottes. Dann erst ziehen wir damit in die Lande.*«

Überall entstanden Bibelkreise, Jugendgruppen und Posaunenchöre. Die Leute suchten Gott mit großem Ernst. Ein Landrat sagte damals anerkennend: »*Johannes Kuhlo hat den Männern den Schnaps genommen und ihnen dafür die Posaune gegeben.*«

Während seiner Studentenzeit hatte er ein spannendes Erlebnis. Zusammen mit anderen Studenten machte er einen Bläser-Ausflug an den Rhein. Da wurde eine waghalsige Wette abgeschlossen: »*Wenn einer es schafft, mit seinem Instrument in der Hand den Rhein zu durchqueren, spenden wir alle unser Taschengeld für die Basler Mission.*« Was für ein verrückter Einfall!

Aber nicht zu verrückt für Johannes Kuhlo. Das Durchschwimmen des Rheins war zwar eigentlich verboten. Überall standen Schilder, die auf die starke Strömung hinwiesen. Aber das machte Kuhlo nichts aus: Es war ja für einen guten Zweck ... Johannes zog sich bis auf die Unterwäsche aus, schnappte sein Flügelhorn und stieg unter einer Rheinbrücke in das seichte Uferwasser.

Sobald das Wasser ihn trug, hob er sein Horn und schwamm los. Aber er schwamm nicht nur – nein, er setzte sein Instrument an die Lippen und blies während der ganzen Überquerung auf dem Horn. Das gab ein Hallo! Oben auf der Brücke liefen Schaulustige zusammen. Seine Kumpel feuerten ihn an und passten auf, dass ihr Freund nicht unterging und ob auch keine Polizei kam.

Johannes erreichte tatsächlich musizierend das andere Ufer und gewann die Missionswette. Jemand fragte ihn einmal, ob Posaunenblasen der Gesundheit schade. Da antwortete Kuhlo: *»Überhaupt nicht. In kürzester Zeit kannst du viel weiter tauchen.«*

Johannes Kuhlo war kein »Warmduscher«. Jeden Morgen in aller Frühe nahm er ein kaltes Brausebad. Aber sonst pflegte er sich kaum. Eine Zahnbürste hat er nie benutzt. Auf sein Äußeres legte er nicht viel Wert. Er kam oft tagelang nicht aus dem Anzug und verzichtete aus Sparsamkeit auf Unterwäsche und Strümpfe. Er war schon ein etwas kauziger Typ – aber dafür liebten ihn die einfachen Leute.

Der Posaunengeneral war körperlich zwar klein, aber quicklebendig. Er hatte eine starke Lunge, die ihm als Bläser sehr zugutekam. Er sagte einmal: *»Seit meinem zehnten Lebensjahr bin ich Nichtraucher. Als Kind habe ich mal an einer Pfeife gezogen, aber dann nie mehr, denn Bläser brauchen ja eine gesunde Lunge.«* Man sah ihn nur immerzu in Bewegung. Er war ein sehr zäher Bursche.

Als Student erlebte er den berühmten Professor Delitzsch. Der stellte mitten in einer Vorlesung über die hebräische Sprache ganz unvermittelt die Frage: *»Meine lieben Herren Studenten, hat jeder von Ihnen schon einen Kniefreund?«*

Kuhlo verstand nicht, was der Professor meinte. Doch dann erklärte der kluge Mann: *»Ein Kniefreund ist ein Freund, mit dem man vor dem Herrn Jesus die Knie beugt. Wenn Sie später in Ihren Beruf kommen und keinen Kniefreund haben, wird alle Ihre Arbeit vergeblich sein.«* Diesen Rat hat Kuhlo sein Leben lang nicht vergessen.

Nach seinem Studium war Kuhlo für ein Jahr Praktikant in Hamburg. Er half dort in einem Wohnheim für junge Menschen mit Problemen. Mit seiner Blasmusik begeisterte er die schwer erziehbaren Jungs. Er brachte frischen Schwung und guten Gesang in den grauen Alltag.

Später arbeitete Johannes als Hauslehrer und Vikar (Hilfspfarrer). Mit 29 Jahren heiratete er seine geliebte Anna. Die beiden hatten zusammen elf Kinder – eine ganze Fußballmannschaft. Bei einem großen Bläsertreffen in Hannover wurde Kuhlo zum ersten Mal »Posaunengeneral« genannt.

Wohin auch immer er kam, predigte er die gute Botschaft von Jesus und spielte ein paar schöne Stücke. Man nannte ihn *»Vater Kuhlo, den Freudenmeister«*, weil er die Leute mit seiner Musik glücklich machte. Er selbst be-

zeichnete sich als *»Mitarbeiter am Psalm 150«*. Denn dort, im letzten Psalm der Bibel, heißt es in Vers 3: *»Lobt den HERRN mit Posaunenschall!«* Und das nahm Johannes Kuhlo wörtlich.

Wenn er irgendwo zu predigen hatte, nahm Johannes natürlich ein Instrument mit. Sein Flügelhorn lag dann auf der Kanzelbrüstung parat. Plötzlich unterbrach er seine Ansprache und blies ein paar Strophen. Das sorgte in jedem Gottesdienst für eine willkommene Abwechslung. Außerdem konnte er sehr spannend erzählen. Seine Predigt war immer mit Humor gewürzt. Unter Kuhlos Kanzel schlief nie einer ein.

Kuhlo unternahm ausgedehnte Konzertreisen im In- und Ausland. Er wollte auch anderswo die Bläserarbeit vorstellen und vorantreiben. Mit dem Kuhlo-Horn-Sextett trat er in Moskau, Paris, London und Helsinki auf. Er blies in Schwimmbädern und Sanatorien, vor Kriegsversehrten und dem Kaiser, in Sälen und auf Straßen.

Von Johannes Kuhlo können wir lernen, dass schon junge Leute etwas für Gott tun können. Setze auch du deine Gaben zu seinem Lob ein. Mache zum Beispiel Musik zu Gottes Ehre und schäme dich nicht, anderen die gute Nachricht weiterzugeben. ✷

Mr. Eternity (Herr Ewigkeit)

Hier eine Geschichte aus Sydney in Australien. Vielleicht kennst du diese Stadt aus dem Animationsfilm »Findet Nemo«. Aber diesmal geht es nicht um einen Clownfisch namens Nemo, sondern um einen Jungen namens Arthur.

Arthur Stace hatte die allerschlechtesten Voraussetzungen für ein gutes Leben. Dennoch wird sein Name unvergesslich bleiben. Manchmal kann ein einziges Wort ein ganzer Vortrag sein. Manchmal kann ein ganz einfacher Mensch eine ganze Stadt verändern. Manchmal kann sogar Kreide eine bleibende Spur hinterlassen. Du weißt nicht, was ich meine? Dann lies diese Geschichte – es lohnt sich!

Bei der Eröffnungsfeier der Olympischen Spiele in Sydney, einer Stadt in Australien, gab es ein riesiges Feuerwerk. Millionen Menschen in aller Welt verfolgten die Übertragung der gewaltigen Show im Fernsehen. Die berühmte Hafenbrücke von Sydney war hell erleuchtet. Mitten in dem Meer aus Lichtern, Böllern und Raketen wurde ein riesiger Schriftzug sichtbar: *»Eternity«* – *»Ewigkeit«*. Dieses Wort war in unübersehbar leuchtenden Buchstaben an der Hafenbrücke angebracht.

Was hatte dieses Wort denn dort zu suchen? Was war damit gemeint? Das fragten sich viele Zuschauer. *»Ewigkeit«* in großen Leuchtbuchstaben auf der berühmtesten

Brücke Australiens? Aber es gab vielen einen Anreiz zum Nachdenken: »*Ewigkeit*«? Gibt es das? Ist überhaupt irgendetwas unendlich? Gibt es ein ewiges Leben? Wenn ja, wo werde ich einmal die Ewigkeit verbringen?

Um das Rätsel mit diesem Wort »*Ewigkeit*« zu lösen, komm doch einfach mal mit an den Sydney-Square-Wasserfall. Und dann schau an dem Aussichtspunkt mal auf den Boden. Dort findest du eine Gedenkplatte aus Aluminium. Und was meinst du, was auf dieser Gedenktafel steht? Na? Die Aufschrift besteht nur aus einem einzigen Wort: »*Eternity*« – »*Ewigkeit*« – in genau der gleichen Schrift wie an der Brücke. Wie kommt das denn? Jetzt wird es ja noch spannender …

Wenn du dann einen Einheimischen fragst, wird er dir antworten: *»Oh, das weißt du nicht? Diese Aufschrift wurde zum Gedenken an Arthur Stace hier eingelassen! Er ist einer der berühmtesten Bürger von ganz Sydney. Und das, obwohl er ein Verrückter war.« – »Arthur Stace? Nie gehört. Wer um alles in der Welt war dieser Arthur Stace?«*

Arthur Stace wurde in einem heruntergekommenen Stadtviertel von Sydney in Australien geboren. Er wuchs in sehr armen Verhältnissen auf. Seine Eltern waren beide alkoholabhängig. Sie kümmerten sich nicht mal um das Essen für ihre fünf Kinder. Auf der Suche nach etwas Essbarem durchwühlte Arthur Mülltonnen oder klaute sich sein Brot. Er war dabei so flink, dass man ihn fast nie erwischte. Die Milch stahl er frühmorgens vor den Hauseingängen. Dort stellte der Milchmann sie in Flaschen ab.

Mit zwölf Jahren bekam Arthur einen Vormund, weil er nicht einmal zur Schule geschickt wurde. Ein Vormund kümmert sich um Kinder, die keine Eltern haben – oder Eltern, die sich nicht um ihre Kinder kümmern.

Alles, was Arthur je gelernt hatte, war der Anfang des Alphabets. Statt Schule suchte sich Arthur einen Gelegenheitsjob in einem Kohlebergwerk. Aber die Arbeit in den schmutzigen Stollen war eine Schinderei. Schon als Teenager trank er selber Alkohol. Wie der Rest seiner Familie wurde er auch davon abhängig.

Mit seinem ersten selbst verdienten Geld nahm er sich ein billiges Hotelzimmer, legte sich auf das erste saubere Bett seines Lebens und betrank sich. Arthur ging nie mehr zur Kohlenmine und versuchte sich mit Gelegenheitsjobs über Wasser zu halten. Er verdiente sich ein bisschen Geld als Türsteher vor Spielhöllen oder Nachtbars. Sobald in der Nähe ein Polizist auftauchte, musste Arthur Alarm schlagen.

Dann gab ihm seine eigene Schwester einen neuen Job: Seine Aufgabe war es, billigen Schnaps für eine Nachtbar zu beschaffen. Das war für Arthur natürlich genau das Verkehrte. Den ganzen Tag trieb er sich in der miesesten Gegend Sydneys herum. Spätabends schleppte er volle Schnapsflaschen in dunkle Bars – und brachte ein paar leere wieder mit zurück. Manchmal brachte er die Reihenfolge auch durcheinander. Dann hatte er sie unterwegs selber ausgetrunken.

Arthur war fast nur noch betrunken und bekam es immer öfter mit der Polizei zu tun. Oft bewegte er sich scharf an der Grenze zum Tod durch Betrinken. Er war in verschiedene kriminelle Sachen verwickelt: Hauseinbrüche, Alkoholschmuggel, Diebstähle. Für solche »krummen Dinger« konnte man Arthur gut gebrauchen. Wegen seiner Länge war er wie dafür geschaffen, Schmiere zu stehen und Ausschau zu halten, ob niemand sie bemerkte.

Mit 15 Jahren landete er zum ersten Mal im Knast. Auch seine Geschwister wurden ständig wegen kleinerer Delikte eingesperrt. Arthur hatte zwei Schwestern und zwei Brüder. Die meiste Zeit verbrachte mindestens einer aus seiner Familie im Gefängnis.

Eines Tages wurde er überraschend zum Militär eingezogen. Bei einem Auslandseinsatz verlor er ein Auge und erlitt schlimme Verätzungen durch Kampfgas. Danach rutschte er noch tiefer ins Elend. Er konnte nicht eine Stunde ohne Schnaps ertragen. Statt einer ordentlichen Ausbildung genoss er seinen Alkohol, der ihn mehr und mehr verblöden ließ. Der minderwertige Fusel hatte seinem Gehirn über die Jahre hart zugesetzt.

Aber dann kam Arthur mit der Ewigkeit in Berührung …

Am Abend des 6. August 1930 schlenderte Arthur verwahrlost und hungrig durch Sydney. Da hörte er eine Donnerstimme, die ihn mitten ins Herz traf. Es war eine Predigt von Robert Hammond, die aus einer offenen Kirchentür drang. Arthur ging hinein und setzte sich zu den Zuhörern. Dabei wurde ihm seine zerstörerische Alkoholsucht so bewusst, dass er weinte. Arthur sagte Gott alle seine Schuld, also seine Fehler, indem er zu ihm betete. So begann er ein neues Leben mit dem Herrn Jesus und wurde frei von seiner Sünde.

Und stell dir vor: Durch Gottes Gnade bekam er die Kraft, seine Trinksucht aufzugeben. Von jetzt auf gleich war er ein anderer, ja, ein neuer Mensch geworden! Aber die schweren körperlichen Schäden des Alkoholtrinkens blieben. Arthur musste mit den Folgen leben lernen. Sein Gedächtnis war vom vielen Trinken durchlöchert wie ein Schweizer Käse. Zwei Jahre später, am 14. November 1932, wurde Arthur wieder von einer Predigt gepackt. Diesmal war es John Ridley, der leidenschaftlich über Jesaja Kapitel 57, Vers 15 sprach. Dort heißt es:

»Denn so spricht der Hohe und Erhabene, der in Ewigkeit wohnt und dessen Name der Heilige ist: Ich wohne in der Höhe und im Heiligtum und bei dem, der zerschlagenen und gebeugten Geistes ist, um zu beleben den Geist der Gebeugten und zu beleben das Herz der Zerschlagenen.«

Dann sagte der Prediger: *»Habt ihr gehört? Gott ist der Hohe, der Erhabene, der Heilige und Ewige. Aber er will* *bei den Traurigen wohnen. Der ewige Gott möchte uns bei sich in der Ewigkeit haben. Ich wünschte, ich könnte jetzt durch alle Straßen und Gassen Sydneys gehen und jedem das Wort EWIGKEIT ins Gedächtnis rufen. EWIGKEIT! Denk an deine EWIGKEIT, bevor es ewig zu spät ist.«*

Als Arthur John Ridley so predigen hörte, merkte er, dass Gott eine große Aufgabe für ihn hatte. Konnte *er* nicht Pfarrer Ridley diese gewaltige Aufgabe abnehmen? Er hatte doch viel Zeit und würde diese Arbeit gerne für Ridley übernehmen. Aber wie sollte er das machen? Durch alle Straßen Sydneys gehen und predigen? Arthur war dazu viel zu schüchtern und auch viel zu dumm. Also wählte er einen anderen Weg.

Nach dem Gottesdienst nahm er sich ein Stück Kreide. Dann bückte er sich auf den Bürgersteig und versuchte das schwierige Wort *»Eternity«* (das ist Englisch und bedeutet »Ewigkeit«) hinzukriegen. Normalerweise brachte er nur ein unleserliches Gekrakel zustande, aber diesmal gelang es ihm nach wenigen Versuchen. Er sagte später, dass er niemals verstehen könnte, wie er diesen Schriftzug so leserlich schreiben konnte.

Und nun kommt das Erstaunliche: Von diesem Tag an stand Arthur jeden Morgen um vier Uhr auf. Er bat Gott um Weisung, von wo aus er starten solle, und legte dann los. Alle 100 Meter sank er auf die Knie und schrieb das Wort *»Eternity«* auf den Bürgersteig. Manchmal war er drei Stunden unterwegs. Erst danach ging er zur Arbeit.

Das machte Arthur über 30 Jahre lang! Seitdem war Sydney übersät mit der Inschrift EWIGKEIT. Das Wort bewegte und beunruhigte die Menschen. Einige wurden so kreidebleich wie der Schriftzug. Jedes Mal war es wie ein stiller Aufruf, sich daran zu erinnern, dass wir Menschen mehr sind als nur Mitläufer dieser Zeit. Wir haben eine höhere Bestimmung: Gott hat uns Menschen so geschaffen, dass wir über die Ewigkeit nachdenken müssen! Davon kannst du im Buch Prediger, Kapitel 3, Vers 11 lesen.

Mit den Jahren gewöhnte man sich an den Kreideschriftzug auf allen Bürgersteigen Sydneys. Er galt als ein Markenzeichen der Stadt. Die Ortsansässigen nahmen das wichtige Wort kaum noch wahr. Aber immer wieder rüttelte es Auswärtige und Touristen auf. Dennoch ging niemand der Sache nach, wer in immer anderen Straßen mit Kreide aufs Pflaster krickelte.

Über lange Jahre hinweg wusste kein Mensch, wer ihre Bürgersteige mit dem Wort übersät hatte. War es ein Einzeltäter? Das konnte sich keiner vorstellen. Was sollte das Wort bezwecken? 1956 ertappte Herr Thompson, ein Prediger, Arthur Stace frühmorgens in der Burton Street dabei, wie er dieses Wort schrieb. Nur durch diesen Prediger erfuhren wir die bemerkenswerte Geschichte von Arthur Stace.

Arthur stellte sich nachmittags auch ab und zu an belebte Straßenecken, um den Leuten vom Herrn Jesus zu erzählen. Manch ein Passant hörte ihn dort etwas unsicher predigen und war berührt von seiner Einfachheit und Leidenschaft. Arthur hatte eine tiefe Liebe für die Menschen, die auf der Straße lebten. Er war unermüdlich im Einsatz, um ihnen die Gute Nachricht von Jesus Christus zu bringen.

Als Arthur im Juli 1967 starb, war sein unscheinbarer Dienst aber noch nicht zu Ende. Zwei Jahre nach seinem Tod erschien ein Gedicht in der Zeitung. Der Dichter Douglas Stewart hatte über den Kreide-Graffiti-Schreiber ein Gedicht verfasst, das sich – kurz zusammengefasst – auf Deutsch wie folgt übersetzen lässt:

Er war geheimnisvoll und dumm und furchtbar scheu
und dennoch machte er die Bürgersteige Sydneys neu.
Und Herzen, die den harten Bürgersteigen gleichen,
die brachte Arthurs kurze Botschaft zum Erweichen.
Sein Lebenswerk war nur ein einzig kreideweißes Wort
und dennoch klingt es EWIG, EWIGKEITEN fort.

In Sydney wird sein Gedächtnis in Ehren gehalten. Manche sagen, dass er bloß ein Verrückter war. Andere glauben, dass er ein Mann Gottes war. Zumindest trägt eine Straße noch immer das Wort *»Ewigkeit«* auf ihrem Bürgersteig. Manchmal kann ein einziges Wort ein ganzer Vortrag sein. Manchmal kann ein ganz einfacher Mensch eine ganze Stadt verändern. Manchmal kann sogar Kreide eine bleibende Spur hinterlassen. Verstehst du es jetzt?

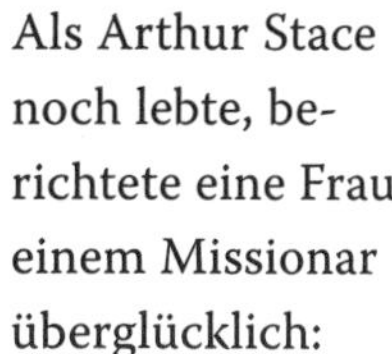

Als Arthur Stace noch lebte, berichtete eine Frau einem Missionar überglücklich:

»Vor acht Jahren bin ich in Sydney gewesen. Dort hat mir ein komischer Kerl auf der Straße die Frage gestellt: ›Wo werden Sie in der Ewigkeit sein?‹ Damals war ich ein ganz ungläubiger Mensch, aber ich konnte diese Frage nicht mehr loswerden. Und jetzt bin ich ein Christ.«

Der Missionar hatte so etwas doch schon einmal gehört und erinnerte sich an Arthur Stace und seine Kurzbotschaften. Etwas später reiste der Missionar selbst nach Sydney. Wie gerne hätte er dem einfachen Prediger Mut gemacht! Und siehe da: Er konnte Arthur Stace an einer Straßenecke ausfindig machen und ihm von der Wirkung seiner Kreide-Botschaft berichten. Arthur schossen die

Tränen in die Augen. Er antwortete bewegt: *»Zum ersten Mal seit 30 Jahren höre ich davon, dass jemand durch mich zum Glauben an Jesus Christus gekommen ist.«*

——— ◆ ———

Kannst du dir vorstellen, was »EWIGKEIT« bedeutet?

Als Dietrich Bonhoeffer etwa 10 Jahre alt war, lag er eines Abends mit seiner Zwillingsschwester Sabine noch lange wach. Die beiden hatten gerade einen Cousin verloren, der im Krieg gefallen war. Da versuchten sie sich das Totsein und das ewige Leben vorzustellen. Sie nahmen sich fest vor, nur an das Wort EWIGKEIT zu denken und keinen anderen Gedanken zuzulassen. Auch an den folgenden Abenden wollten sie der Ewigkeit etwas mehr auf die Spur kommen. Noch im Einschlafen dachten sie nur an das Wort EWIGKEIT – an sonst nichts. Dabei schien ihnen die Ewigkeit sehr, sehr lang und unheimlich. Sie fühlten sich richtig schwindelig. Aber sie bekamen dabei auch einen tiefen Eindruck von der Unendlichkeit nach unserer Erdenzeit. Vielleicht hatte Dietrich auch deshalb als Erwachsener so wenig Angst vor dem Sterben. Er wagte es, gegen Adolf Hitler zu sein, und kam dafür ins Gefängnis. Dort schrieb er das bekannte Gedicht:
Von guten Mächten wunderbar geborgen, / erwarten wir getrost, was kommen mag. / Gott ist bei uns am Abend und am Morgen / und ganz gewiss an jedem neuen Tag.
Die Nazis haben Dietrich Bonhoeffer – diesen mutigen Mann – mit gerade erst 39 Jahren umgebracht. ✷

Meuterei auf der Bounty

Sehnst du dich auch manchmal nach einem Urlaub auf einer herrlichen Insel? Weißer Sandstrand, ein paar Palmen mit einer Hängematte ... und hoffentlich keine wilden Eingeborenen. Hier geht es um so eine Insel – und um eine spannende Piratengeschichte in einem Südsee-Paradies, die tatsächlich so passiert ist.

Gestatten, mein Name ist Bligh, Kapitän Bligh. Ich bin Engländer und möchte dir gern von meinem größten Abenteuer erzählen. Beinahe hätte es mich das Leben gekostet. Aber am besten fange ich ganz vorne an.

Es geschah am 28. April 1789. Mitten in der Nacht wurde ich durch Geräusche aus dem Schlaf gerissen. Was war das? Stand da nicht die Tür meiner Kajüte offen? Ich ließ sie immer nur angelehnt, damit mich die Nachtwache zur Not schnell wecken konnte.

»Ist da jemand?«, fragte ich in die Dunkelheit und setzte mich dabei aufs Bett. War das nur das Mondlicht, oder fiel der Schein einer Laterne durch den Türspalt? Da erkannte ich Fletcher Christian. Er war einer meiner besten Seeleute. Er fuchtelte mit einem Säbel vor meiner Nase herum. Fletcher stieß mich in die Koje zurück und rief: *»Rühren Sie sich nicht, Captain Bligh, oder Sie sind ein toter Mann!«*

Ungläubig fauchte ich Fletcher Christian an: »*Was soll das? Was geht hier vor?*« Dann traf mich der Gedanke wie ein Blitz: Meuterei! Die Schiffsmannschaft wollte ihren Kapitän – also mich – loswerden! Aufruhr an Bord meiner geliebten Bounty! Ein unglaubliches Verbrechen! Wie konnte es nur dazu kommen?

Mein Schiff, die hübsche Bounty, sollte wertvolle Pflanzen von Tahiti Richtung Karibik bringen – und zwar Samen des Brotfruchtbaums. Wir segelten im Auftrag des Königs. Die Bounty hatte drei Masten. Sie war extra für diese Fahrt umgebaut und noch stabiler gemacht worden.

Die Seereise nach Tahiti dauerte mehrere Monate und war sehr mühsam. Stürme hielten uns auf und brachten uns vom Kurs ab. Wir mussten leider einen riesigen Umweg segeln. Hundert Tage sahen wir nichts als Wasser. Die Schiffsmannschaft maulte. Immer öfter gab es Streit.

Nach der langen Seereise erreichten wir endlich Tahiti. Schon während der großen Anstrengungen an Bord träumte die Mannschaft von der »großen Party« an Land. Tahiti ist wirklich eine Trauminsel – nur weißer Sandstrand, ein paar Palmen mit Hängematten und sehr nette Eingeborene. Wie ein Stück Paradies!

Die Tahitianer waren sehr freundlich zu uns. Sie freuten sich offenbar über den aufregenden Besuch von uns Europäern. Als wir aber die Brotfrucht-Pflänzlinge aufladen wollten, stellten wir fest: Es gab keine mehr! Deshalb mussten wir ein halbes Jahr auf der Insel verbringen und warten, bis neue gewachsen waren.

Während des langen Aufenthalts entstanden gute Kontakte zu den Eingeborenen – zu gute! Einige meiner Matrosen verliebten sich in ein paar tahitianische Frauen. Wie man sich vorstellen kann, litt die Disziplin sehr darunter. Dadurch verschärfte sich die Spannung zwischen der Schiffsmannschaft und mir.

Als die Rückfahrt näher kam, hatte ich Mühe, die Ordnung wiederherzustellen. Einige Matrosen wollten gar nicht mehr an Bord. Aber ich befahl: *»Sofort die Segel hissen! Wir fahren zurück auf See.«* Grimmig und widerwillig setzte sich die Mannschaft in Bewegung. Die Segel der Bounty knatterten und wir fuhren ab. Doch nur wenige Tage später kam es zur Katastrophe …

Fletcher Christian und ein paar weitere Seeleute hatten sich heimlich Waffen besorgt. Und zwar hatten sie den Schlüssel zur Waffenkammer bekommen, weil sie angeblich einen Hai abschießen wollten. Das war aber nur eine Ausrede. In Wirklichkeit planten sie den Aufstand gegen mich. Sie wollten das Schiff unter ihr Kommando bringen und zurück nach Tahiti segeln.

Und was meinst du, was sie mit mir machten? Kurzen Prozess! Noch im Schlafanzug setzten sie mich – zusammen mit 18 Männern, die zu mir hielten – auf dem Meer aus! Ja, sie gaben uns nur das kleine Beiboot und ein paar Lebensmittel. Mit dieser »Nussschale« mitten auf dem Meer – da hätten sie uns auch direkt töten können! Zum Glück konnten wir einen Kompass und das Logbuch der Bounty mitnehmen.

Ich wollte Fletcher im letzten Moment noch überreden und bat ihn eindringlich: *»Tun Sie das nicht! Ich verspreche, niemals von dem Vorfall zu erzählen, wenn Sie uns wieder an Bord nehmen. Denken Sie an unsere Frauen und Kinder ... und denken Sie an das Kriegsgericht!«*

Aber Fletcher hörte nicht auf mich. Im Gegenteil – er antwortete frech: *»Kapitän, Sie haben uns monatelang gequält, jetzt werden Sie die Hölle haben!«* Dann kappte er das Seil zu unserem Boot und wir waren dem Meer ausgeliefert.

Es folgten die grausamsten Tage meines Lebens. Wir verdursteten fast in der prallen Sonne. Unsere Vorräte gingen zur Neige. Manche von uns wurden ohnmächtig vor Hunger und Durst. Es ist schrecklich, aber man kann tatsächlich mitten auf dem Meer verdursten. Das Salzwasser kann man nämlich nicht trinken. Es macht den Durst nur noch unerträglicher.

Dann entdeckten wir glücklicherweise am Horizont eine kleine Insel. Mit letzter Kraft paddelten wir Richtung Ufer. Aber als wir an Land nach Früchten suchten, überfielen uns wilde Eingeborene und erschlugen einen von uns. Mit knapper Not konnten wir entkommen und ruderten sofort zurück aufs Meer.

Die »Hölle«, die uns Fletcher angedroht hatte, wollte kein Ende nehmen. In dieser endlosen Wasserwüste starben in den nächsten Tagen sechs Männer. Sie hatten keine Kraft mehr. Doch irgendwie gelang es mir, Festland zu finden. Ob du es glaubst oder nicht: Insgesamt 41 Tage hatten wir auf dem grausigen Meer verbracht. Endlich stießen wir auf eine Siedlung von Europäern, nämlich auf Timor in Indonesien. Von dort segelte ich mit dem nächsten größeren Schiff nach England, um die Meuterei meiner Schiffsmannschaft zu melden.

——— ◈ ———

Hm, wie die Meuterer auf der Bounty ihren Kapitän von Bord jagten, so haben wir Menschen Gott den Rücken gekehrt. Wir meinten, ohne ihn alles besser zu können – als sei Gott das Hindernis zu unserem Glück – als würde er uns ein schönes Leben nicht gönnen. Viele Menschen leben wie Fletcher Christian: Sie wollen von Gott nichts wissen. Dennoch ist Gott geduldig mit uns Menschen und möchte, dass wir zu ihm zurückkommen. Er meint es nur gut mit uns.

Aber wie ging es auf der Bounty weiter? Die Meuterer meinten, Kapitän Bligh sei ihr Haupthindernis zu einem glücklichen Leben gewesen. Sie dachten, er würde ihnen das Leben auf der Trauminsel nicht gönnen. Nun waren sie ihn losgeworden. Sie drehten um und segelten voller Hoffnung zurück nach Tahiti …

Die meisten von ihnen wollten für immer auf der paradiesischen Insel bleiben. Fletcher Christian aber bekam es langsam mit der Angst zu tun: »Wir sind Dummköpfe«, sagte er. *»Tahiti wird ständig von großen Schiffen angesteuert! Jeden Augenblick kann hier ein englisches Kriegsschiff aufkreuzen. Wenn die von unserer Meuterei erfahren, was dann?«*

Nach englischem Seerecht stand auf Meuterei die Todesstrafe. Deshalb beschloss Fletcher, so bald wie möglich abzusegeln, um einen sicheren Unterschlupf zu suchen. Vier Monate nach der Meuterei legten Fletcher, der Anführer des Aufstands, und acht seiner Gefährten von Tahiti ab. Sie lebten in ständiger Angst, entdeckt zu werden. Mit ihnen kamen sechs Tahitianer und zwölf Frauen.

Sie suchten gemeinsam nach einer abgelegenen, unbewohnten Insel. Dort wollten sie den Rest ihres Lebens verbringen. Hoffentlich ohne je wieder einen anderen Europäer zu Gesicht zu bekommen ... Tatsächlich fanden sie 1000 Meilen von Tahiti entfernt die unbewohnte Insel Pitcairn. Das war genau das, was sie gesucht hatten!

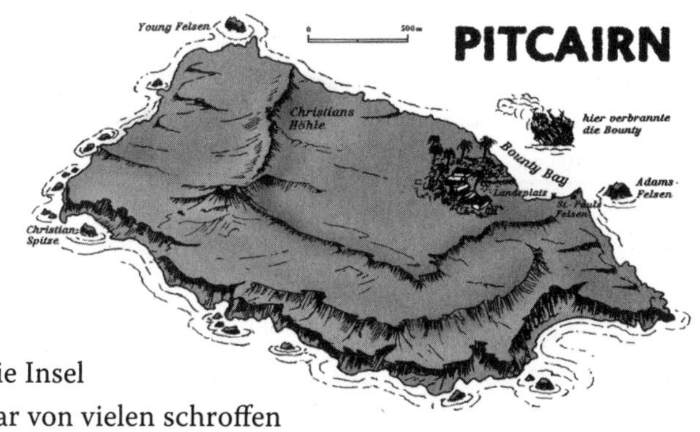

Die Insel war von vielen schroffen Klippen umgeben. Es gab nirgendwo einen geeigneten Ankerplatz für andere Schiffe. Und das Beste: Sie war auf den damaligen Seekarten falsch eingezeichnet. Dadurch war sie für andere Seefahrer nur sehr schwer zu finden.

Fletcher Christian rief glücklich: *»Freunde! Das wird unsere neue Heimat. Hier sind wir sicherer als irgendwo sonst auf dieser Welt!«*

Aber wie sollte die Bounty an der schroffen Küste unbeschadet anlegen? Kurz entschlossen riss Fletcher das Steuerrad an sich und segelte schnurstracks auf die Klippen zu. Die Besatzung schrie entsetzt: *»Sind Sie wahnsinnig?«*, aber da krachte die Bounty schon auf die Felsen. Planken splitterten und Wasser schoss in den aufgeschlitzten Schiffsrumpf. Die Masten knickten weg wie Streichhölzer. Aber das Schiff saß so nah an Land fest, dass man die Insel problemlos zu Fuß erreichen konnte.

»Hier soll uns mal einer finden!«, rief Fletcher siegesbewusst. Erst bei Ebbe konnten sie das Wrack der Bounty entladen: Säcke und Fässer voller Vorräte, Waffen und Werkzeuge, dazu Hühner, Ziegen und Schweine, die sie von Tahiti mitgenommen hatten. Das Überleben der Ankömmlinge war also gesichert. Ein paar Tage danach zündete Fletcher das Wrack der Bounty an. Auch wenn man die Bretter noch gut gebrauchen konnte. Niemals sollte man seiner bösen Vergangenheit auf die Spur kommen. Hier auf Pitcairn würde sich ihr Traum von Freiheit und Glück erfüllen …

——— ◆ ———

Schon auf den ersten Seiten der Bibel kann man von zwei Menschen lesen, die auch geflüchtet sind – wie Fletcher Christian und seine Truppe. Ich meine Adam und Eva!

Die beiden waren Gott ungehorsam – sie aßen von einer Frucht, die sie nicht essen durften. Danach versteckten sie sich vor Gott, weil sie genau wussten, dass sie etwas Böses getan hatten. Plötzlich hatten sie Angst vor dem, der sie gemacht hatte. Im 1. Buch Mose Kapitel 3, Vers 8 steht: *»Und sie (Adam und Eva) hörten die Stimme Gottes …, der im Garten wandelte bei der Kühle des Tages. Und der Mensch und seine Frau versteckten sich vor dem Angesicht Gottes des HERRN mitten unter die Bäume des Gartens.«*

Aber vor Gott kann man sich nicht verstecken. Er weiß, wo wir sind – er sieht alles, was wir tun und sogar denken. Aber er will uns für unsere bösen Taten nicht bestrafen, sondern er möchte uns vergeben. Doch dazu ist es nötig, dass du ihm deine Schuld bekennst. Rede im Gebet mit ihm und bitte ihn um Vergebung deiner Sünde! Dann darfst du für immer mit Gott leben – schon hier auf der Erde, aber auch einmal im Himmel, wo es noch viel schöner ist als auf Pitcairn.

———— ◈ ————

Ach, apropos Pitcairn: Was meinst du? Wie ist die Geschichte der Meuterer auf der Trauminsel wohl weitergegangen? Haben die neuen Siedler ihr Glück dort gefunden? Lebte Fletcher Christian gemütlich in einer Hängematte unter Palmen? Das erfährst du erst im zweiten Teil der Geschichte. Nur so viel wollen wir schon verraten: Noch immer leben die Nachfahren der Bounty-Meuterer auf der Insel Pitcairn! Sonst hätten wir nie von der weiteren Geschichte erfahren.

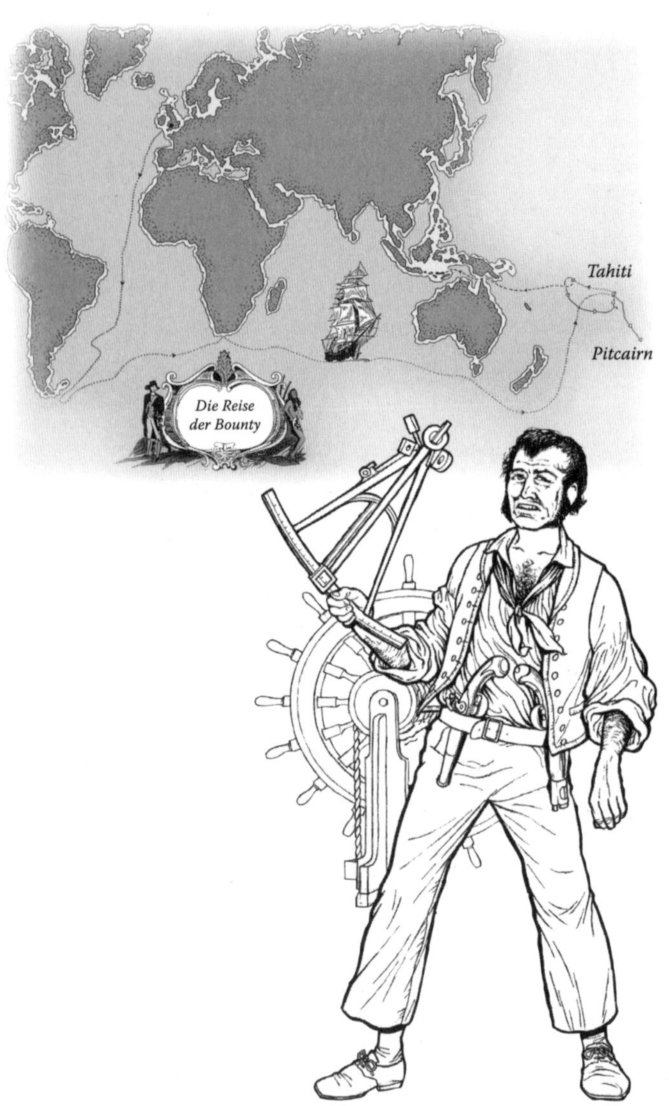
Tahiti
Pitcairn
Die Reise
der Bounty

Das Paradies auf Pitcairn

Kapitän Bligh war im Auftrag des Königs zur Pazifikinsel Tahiti unterwegs, um Baumpflänzchen zu laden. Doch dann kam es zur Meuterei. Die Schiffsmannschaft machte einen Aufstand gegen den Kapitän. Fletcher übernahm das Ruder an Bord. Kapitän Bligh wurde mit 18 anderen Männern auf einem kleinen Beiboot ausgesetzt. Die Meuterer kehrten wieder nach Tahiti zurück. Einige blieben dort, andere flüchteten weiter zur Insel Pitcairn. Dort, im Südpazifik, verbrannten sie die Bounty und wollten ein unbeschwertes Leben in Freiheit beginnen. Aber eins hatten die Meuterer nicht bedacht: Sie hatten etwas auf die schöne Insel mitgebracht: Ihre eigene Bosheit und Schuld schleppten sie wie eine ansteckende Krankheit mit sich! Das sollte sich leider schon sehr bald zeigen.

Zunächst begann für die Meuterer ein sorgloses Leben wie im Schlaraffenland. Die friedliebenden Tahitianer und die wenigen Matrosen der Bounty waren die einzigen Bewohner der Insel. Keine Raubtiere, keine Sorgen, kein Stress; nur Sonne, Palmen, Meeresrauschen. – Es war wie ein Südsee-Urlaub auf Lebenszeit. Die Vorräte der Bounty und die Früchte der Insel garantierten ein sorgenfreies Leben.

Aber schon bald waren sich die neuen Inselbewohner darüber im Klaren, dass sie Pitcairn nie mehr verlassen konnten. Und auf die Dauer wurde das Paradies zu einem eintönigen Gefängnis.

Fletcher Christian, der sich so sehr nach einem Leben in Freiheit gesehnt hatte, zog sich oft tagelang in eine einsame Höhle zurück. Dort saß er und starrte missmutig auf das Meer hinaus. Ihn quälten schlimme Schuldgefühle. Hatte er nicht Kapitän Bligh und die anderen 18 Mann in den sicheren Tod geschickt? Er konnte sein schlechtes Gewissen nicht loswerden.

Und die Männer, die gegen Unterdrückung und Zwang gemeutert hatten, wurden nun selbst zu Unterdrückern. Die Matrosen teilten das Land unter sich auf, nahmen jeder eine Frau und ließen die Männer von Tahiti für sich arbeiten. Die Schnapsflaschen von Bord der Bounty machten die Runde. Aber schon bald war der Whisky aufgebraucht. Die weißen Männer wurden mit dem langweiligen Inselleben immer unzufriedener und gereizter.

Als eines Tages die Frau eines Weißen tödlich verunglückte, nahmen die Seeleute einfach einem Eingeborenen die Frau weg. War das nicht furchtbar ungerecht? Es kam zu einem entsetzlichen Streit. Voller Wut nahmen sich die ausgebeuteten Tahitianer ein paar Gewehre und gingen auf die Weißen los. Es kam zu einer wilden Schießerei. Dabei starben fünf der neun Europäer – auch Fletcher Christian.

Aber die vier überlebenden Weißen schlugen in blindem Hass noch härter zurück. Sie töteten aus Rache alle tahitianischen Männer! Nun glich Pitcairn einem Friedhof. Das Paradies war zu einem Ort des Schreckens geworden! Doch das Grauen war noch nicht zu Ende …

Nach einigen Versuchen gelang es einem der ehemaligen Matrosen, Schnaps herzustellen. Er gewann aus süßen Baumwurzeln einen scharfen Branntwein. Drei der vier Meuterer verfielen völlig dem Alkohol. Sie waren ständig betrunken. Dabei machten sie ihren Frauen und Kindern das Leben zur Qual. Die Armen wussten keinen anderen Ausweg, als sich irgendwo in den Bergen vor den besoffenen Männern zu verstecken.

Dann stürzte auch noch einer der Trunkenbolde im besoffenen Zustand von einer Klippe. Er war sofort tot. Als das die Überlebenden sahen, schworen sie sich, nie wieder einen Tropfen Alkohol anzurühren. Aber als einer die Geräte für die Schnapsbrennerei zerstörte, kam es wieder zu heftigem Streit.

In blinder Wut brachten sie noch einen um. Nur zwei Männer – John Adams und Edward Young – überlebten. Wie konnte das nur geschehen? Warum hatten sich die Männer das gegenseitig angetan? Sie hatten doch ein Paradies vorgefunden.

John Adams fühlte sich so schlecht wie noch nie in seinem Leben. Früher, in England, war John ein Kleinkrimineller gewesen. Er wollte damals zur See, um nicht im Gefängnis zu landen. Unter falschem Namen hatte er sich an Bord der Bounty begeben, um zu entkommen. Nun saß er in einem viel schlimmeren Gefängnis – in dem Gefängnis seiner eigenen großen Schuld.

Adams' Familie hauste schon seit Wochen in den Wäldern Pitcairns. Denn seine eigene Frau und die Kinder hatten schreckliche Angst vor ihm! Verzweifelt schlich sich Adams in seine Hütte zurück. Er meinte, sie wäre leer. Aber als er die Tür öffnen wollte, stand Sarah, seine Frau, da. Sie hatte ein Gewehr in der Hand.

Sie ließ das Gewehr sinken und kam langsam auf ihn zu. *»Was ist nur aus dir geworden?«*, fragte sie leise. *»Ich kann nicht mehr!«*, schluchzte Adams. Sarah trat zu ihm und strich ihm das Haar aus der Stirn.

»Komm!«, sagte sie. *»Nein, lass, Sarah, ich gehe besser wieder. Ich bin kein Mensch mehr, ich bin ein Vieh.«* – *»Nein, John. Ich vergebe dir alles. Du sollst endlich heimkehren.«*

Außer den beiden Männern lebten nun nur noch zehn Frauen und 22 Kinder auf der Insel Pitcairn. Tief erschüttert von all dem Schlimmen, das passiert war, suchte John nach einer Erklärung. Voller Entsetzen grübelte er über der Frage: *»Wir hatten doch ein Paradies angetroffen. Wir wollten doch nur in Frieden und Freiheit leben. Warum bin ich dennoch zum Mörder geworden?«*

Nach diesen schrecklichen Vorkommnissen sah Sarah Edward und John häufig zusammensitzen. Aber was taten die beiden Männer da? Tranken sie wieder? Nein, sie hockten gebückt über einem alten Buch – der Schiffsbibel, die sie von der Bounty mitgenommen hatten. Edward buchstabierte geduldig daraus, denn John konnte nicht lesen.

Ja, Edward Young brachte John Adams Lesen und Schreiben bei. Dann starb auch er. Nun war John der einzige erwachsene Mann auf der Insel. Er arbeitete tagsüber hart auf den Feldern, um die Frauen und Kinder zu ernähren. Spätabends las er mühsam in der alten Bibel, um Antworten auf seine vielen Fragen zu finden.

Er las auf den ersten Seiten von Adam und Eva und dem verlorenen Paradies – und musste schluchzen. Genauso war es auch bei ihm. Dann las er von einem Mann, der seinen Bruder totschlug – und musste weinen. Hatte er nicht das Gleiche getan? Dann las er den schrecklichen Satz: *»Horch! Das Blut deines Bruders schreit zu mir von dem Erdboden her«*, und er bekam große Angst vor Gott.

Etwas später stieß John Adams auf die Stelle: »*... unstet und flüchtig sollst du sein auf der Erde. ... Und Kain ging weg vom Angesicht des HERRN und wohnte im Land Nod, östlich von Eden.*« Das steht in 1. Mose 4,12+16. Ja, genauso war es auch mit ihm. Er war weit weg von Gott! Auch er war schon sein Leben lang voller Unruhe – wie auf der Flucht – weit weg vom Glück, vom Paradies.

Nach und nach verstand er einiges. Gott sprach zu ihm: *»John Adams, du sollst endlich heimkehren!«* Und John kam heim. Er lernte Gott in der Bibel kennen. Er las von Jesus Christus, dem Sohn Gottes, der wegen unserer großen Schuld auf diese Erde kommen musste. Er las, warum der Herr Jesus unschuldig am Kreuz sterben musste.

John sah, dass es für jeden Menschen eine Möglichkeit gibt, zu Gott umzukehren. Er fand den Ausweg, seine schlimme Schuld loszuwerden. Er konnte sie vor Gott aussprechen und um Vergebung bitten.

Seitdem rief er täglich alle Bewohner von Pitcairn zusammen, um ihnen etwas aus der alten Bibel vorzulesen. John Adams schrieb dazu später in seinem Tagebuch:

»Ich richtete das Wort Gottes vor ihnen auf wie ein Haus, langsam, Stein auf Stein. Es war ein mühsames Werk, aber es machte mich glücklich, wie nichts zuvor in meinem Leben. Ich brachte den anderen Lesen und Schreiben bei und lehrte sie, ein Leben mit Gott zu führen. Ja, das tat

ich, John Adams, ein unwissender Matrose. Denn in der Bibel steht: ›Also liegt es nun nicht an dem Wollenden noch an dem Laufenden, sondern an dem begnadigenden Gott.‹ Das steht in Römer 9,16. Wie tief ein Mensch fallen kann, habe ich an mir selbst erlebt. Doch keiner fällt so tief, dass er für Gottes Gnade unerreichbar wäre. Auch das habe ich erfahren.«

Langsam wichen die Schrecken der Vergangenheit aus ihren Gedanken. Die Leute von Pitcairn schöpften aus der Bibel neue Hoffnung wie aus einer Quelle. Die schreckliche Angst verschwand und machte der Hoffnung Platz. Das Licht hatte die lange Nacht besiegt.

———— ◈ ————

Die Geschichte der Bounty zeigt uns: Aus einer schlimmen Tat kann nichts Gutes kommen. Auch wenn scheinbar »Gras darüber gewachsen ist« und alle Spuren verwischt sind – das Unrecht wird doch irgendwann herauskommen!

Aber kein Mensch kann so tief fallen, dass Gott ihn nicht retten möchte. Der Herr Jesus ist sogar gerade deshalb gekommen. Er kann die schlimmste Schuld wegnehmen, denn er hat für die Folgen unserer »Meuterei« bezahlt.

Der wirkliche Friede hängt nicht davon ab, was um dich herum passiert – er ist eine Sache deines Herzens. Nur da, wo man aufhört, sich gegen Gott aufzulehnen, ist wirkliche Freiheit. Gottes Wort, die Bibel, zeigt den Weg zu einem glücklichen und friedlichen Leben.

Im Jahr 75 v. Chr. fiel der römische Feldherr Julius Caesar in die Hände einer Seeräuberbande. Die Piraten forderten ein Lösegeld von 20 Talenten. Aber Caesar spottete: *»Ihr wisst nicht, wen ihr vor euch habt.«* Er wollte von sich aus 50 Talente zahlen!

38 Tage verbrachte Caesar bei den Piraten, nicht so sehr wie ein Gefangener, sondern vielmehr, als ob die Piraten seine Leibwache wären. Ab und zu drohte er ihnen an, er werde sie eines Tages alle ans Kreuz nageln lassen.

Als das hohe Lösegeld zusammenkam, wurde Caesar freigelassen. Sofort organisierte Julius ein paar Schiffe und führte eine Strafexpedition gegen die Seeräuber durch. Tatsächlich holte er die Piraten ein und brachte die meisten von ihnen in seine Gewalt. Die geraubten Schätze erklärte Caesar zu seiner Kriegsbeute. Die gefangen genommenen Piraten ließ er alle ans Kreuz schlagen – genauso, wie er es ihnen angedroht hatte!

Diese Hinrichtung war eine entsetzliche Sache. Zur Kreuzigung wurden bei den Römern nur Schwerstverbrecher und Sklaven verurteilt. Auch Landesverräter und Piraten wurden so hingerichtet, aber kein Römer durfte so sterben. Dafür war dieser Tod zu abscheulich.

Der berühmte Anwalt Cicero versuchte 63 v. Chr. einen angeklagten Römer (Senator Rabirius) vor dieser Qual zu retten. Er sagte: »*Wenn einem Römer die Todesstrafe droht, dann aber niemals die Kreuzigung.*« Er wies darauf hin, dass dieser Tod für einen Bürger Roms völlig undenkbar und unzumutbar sei.

Aber genau diese Hinrichtung nahm Jesus Christus auf sich. Mit seinem Tod bezahlte er selbst das Lösegeld für uns! Er starb völlig unschuldig für unseren Aufstand gegen Gott, als wäre er ein Pirat – ein Terrorist. Wie die Meuterer auf der Bounty ihren Kapitän von Bord jagten, haben wir Menschen Gott den Rücken gekehrt. Wir meinten, ohne ihn alles besser zu können – als sei Gott das Hindernis zu unserem Glück. Aber diese »Meuterei« macht niemals frei! Nur Jesus Christus macht uns wirklich frei. ✷

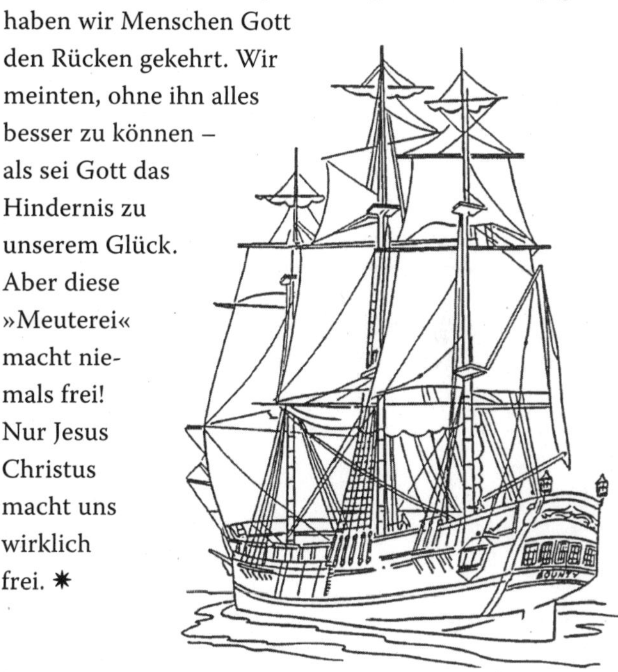

8 Bände zum Vorlesen und Nachdenken

LIMM & NIES

Die Buchreihe zum Sammeln

FESELUTTER

TACKELFRÄGER

NEIHWACHTEN

BASCHENTUCH

SUCKDRACHEN

SIESELOFFE

BIEGELSPILDER

WATURNUNDER

1	2	3	4	5	6	7	8	
○	○	○	○	○	○	✱	○	Das habe ich schon!
○	○	○	○	○	○	○	○	Das wünsch ich mir noch